Kommissar Traudich

und das Schweigen des Stoppelfelds

Gudrun Wiebke

Kommissar Traudich und das Schweigen des Stoppelfelds

Kriminal-Erzählungen aus dem Norden

Verlag Akademie der Abenteuer

Impressum

Verlag Akademie-der-Abenteuer
Boris Pfeiffer, Pfalzburger Straße 10, 10719 Berlin
E-Mail: info@verlag-akademie-der-abenteuer.de

1. Auflage
Illustration, Umschlaggestaltung und Satz: Kris Kersting
Herstellung: Verlag Akademie der Abenteuer
Druck und Binden: BoD GmbH, Norderstedt
www.verlagakademie.de

ISBN (print): 978-3-98530-012-9
ISBN (ebook): 978-3-98530-013-6

Printed in Germany

Inhalt

„Mit Christa zusammen stimmte nicht nur mein Gewicht, sondern auch mein Gleichgewicht. Warum hat sie mich bloß verlassen?“

Ernst-August Traudich

Kommissar Traudich und die Eile der Zeit

Ein ungewöhnlich heißer Sommertag trug das Summen einer dicken Fliege, die immer wieder gegen das Gitter des Fliegenschutzes flog, in Kommissar Traudichs Arbeitszimmer. Er saß ungeduldig vor dem großen Bildschirm seines veralteten Computers, wollte eben nur schnell nachlesen, wo und wann sich morgen die Entomologen in Hamburg treffen, und nun das. Das Internet versagte ihm den Zugriff.

Traudich hatte keine Ahnung, wie er dieses Problem lösen konnte. Ihm hatte die Motivation gefehlt, sich in seinem Alter noch verstärkt mit dem Computer auseinanderzusetzen. Die Technik hatte sich im Eiltempo entwickelt, ein Ende war nicht in Sicht. Er fühlte sich von der Zeit abgehängt, war „zeitmüde", wie er seinen Zustand nannte. Vierpunktnull war die neue Zahl, während er noch mit Siebenundvierzigelf groß geworden war. Es wurde wirklich Zeit, dass er pensioniert wurde. Drei Jahre noch, dann hatte er es geschafft.

Traudich sah der Fliege zu, wie sie immer wieder gegen die schützende Gaze prallte. „Tja, du kommst nicht durch's Netz und ich nicht ins Netz. Geht eben nicht immer so, wie wir wollen", murmelte er vor sich hin. Der Schweiß rann ihm in den Nacken. Es war zum Aus-der-Haut-fahren.

Mit der flachen Hand schlug er auf die Schreibtischplatte. „Mach endlich hinne!", knurrte er den Computer an und schmiss sich mit seinem ganzen Gewicht gegen die Rückenlehne seines Bürostuhls, die sich bis zum Anschlag nach hinten bog. Er verschränkte die Arme vor seiner Brust und starrte auf das Kabelgewirr unter seinem Schreibtisch, als könnte er dort die Antwort finden. Aber er sah nur Staubflocken und einen schon lange vermissten Kugelschreiber. Er stand auf und kroch unter den Schreibtisch. Ein plötzlicher Krampf im Fuß ließ ihn in seinen Bewegungen innehalten. Er musste dringend etwas tun, sich mehr bewegen. Und wenn er nur wieder regelmäßig eine längere Strecke zügig ging.

Stefan Strom wusste, dass es zum Joggen viel zu heiß war. Das weiße Frottee-Stirnband hatte schon so viel Schweiß aufgesogen, dass er es als feucht-warmen Wickel um den Kopf empfand. Aber er wusste sich nicht anders zu helfen als zu laufen. Und das wollte er so lange tun, bis sein Kopf leer war. Bis er vergaß, wer er war, und was er vorhin gelesen hatte.

„Guck dir mal den Jogger an. Der hat doch nicht mehr alle Nadeln an der Tanne!“, grinste Ole über seine Bierdose hinweg, während er von der Bank aus den Läufer kommen sah. „Der ist doch krank in der Birne.“

„Und du nich, wa?“

Ole funkelte seinen Freund an: „Willste Ärger?“

„Nee. Viel zu heiß dafür.“

„Sach ich doch. – Der Jogger hat einen an der Klatsche.“

Mit einer ausholenden Armbewegung versuchte Ole, die Bierdose über den Marschweg hinweg zu den anderen zu werfen. Aber er war schon zu betrunken, ihm fehlte der nötige Schwung. Die Dose fiel stattdessen scheppernd auf den Asphalt des Wirtschaftsweges und rollte langsam aus, bis sie vom Schilfgras am Wegesrand gestoppt wurde.

„Bravo!“, grinste Tim. „Treffer!“

Ole boxte ihm in die Seite und stand auf. „Is mir heut zu blöd mit dir“, grummelte er mit verwaschener Stimme und torkelte Richtung Dorf. Sollte Tim doch ohne ihn weiter saufen. Fürs Erste war‘s genug. Er wollte am späten Nachmittag noch „Zum großen Anton“ gehen und dort zur Fußballübertragung ein paar weitere Bierchen kippen.

Ole sah den Jogger auf sich zukommen. Roter Kopf, völlig verschwitzt, wild herumfuchtelnde Arme.

„An die Seite, trübe Tasse!"

Hat der sie noch alle?, dachte Ole wütend. Woll'n doch mal sehen, was passiert, wenn ich dem Arsch den Weg versperre. Mit klammer Vorfreude spreizte er die Beine, um sich noch breiter zu machen und wartete schwankend auf den Jogger.

BUFFF! – Ole traf ein harter Schlag unter das Brustbein. Der plötzliche Schmerz ließ ihn einknicken. Dann hörte er nur noch die Laufschritte des Joggers, wie sie sich immer mehr entfernten. Und dann nichts mehr.

Traudich war vor die Tür seiner kleinen Kate getreten. Er hatte den Rechner noch einmal herunter- und wieder hochgefahren und wartete nun. Er sah einem Schwarm Graugänsen zu, der gerade über sein Haus flog. Ein heißer, trockener Windzug schlängelte sich an seinem üppigen Körper vorbei ins Hausinnere. Er hatte heute noch keinen einzigen Schritt vor die Tür gesetzt, die Hitze war ihm einfach zu anstrengend. Zum Glück lag ein freies Wochenende vor ihm.

Er grübelte: Sollte er wirklich morgen bei den hohen Temperaturen nach Hamburg fahren? Er hatte sich den Ausflug selbst verordnet, musste mal dringend wieder unter Leute. Er war seiner Psyche während der letzten Wochen bedrohlich nahe gekommen. Und wer hat das schon gerne? Ständig der Gefahr unverhoffter Gedankenblitze ausgesetzt zu sein, die das eigene Dilemma in gleißendes Licht tauchen konnten. Das machte dünnhäutig. Jeden Tag etwas mehr.

Sein Dilemma war nun mal Christa. Was sie wohl gerade machte? Ob sie noch ihre alte Handynummer hatte? Selbst auf Telefonnummern war heutzutage kein Verlass mehr. Sie wurde einfach mit dem besseren Handyanbieter gewechselt, und das war's dann. – Ob Christa damals auch einen besseren Anbieter gehabt hatte? Ihr Gehen kam so plötzlich.

Er hatte gestern mit seiner Lieblingsapothekerin aus der „Apotheke zum Wattläufer“ über sein mitunter quälendes Gedankenkarussell gesprochen. Natürlich hatte er die Belastung durch seinen Beruf vorgeschoben. Privat war schließlich privat. Von ihr hatte er den Rat bekommen, es mit Johanniskraut-Tee zu versuchen. „Ist gut bei mentalen Verstimmungen“, hatte sie mit leiser Stimme und verschwörerischen Blick gesagt. Sie meinte es ja gut mit ihm, das wusste er. Aber Kräutertee statt einer Tablette? – Dann doch lieber seinen schön gekühlten Magenbitter auf dem Schaffell in seinem Lieblingssessel.

Traudich sah auf die Uhr. Noch zu früh für ein Gläschen. Trinken und trübe Gedanken passten nicht zusammen. Er musste da ein wenig aufpassen.

Traudich kehrte zum Schreibtisch zurück. Ein Blick auf die Symbolleiste genügte, sich als Bezwinger der Technik zu fühlen. Er war im Internet.

„Geiht doch!“ Er war fast ein wenig stolz. Wenn auch unbegründet, wie er sich im Stillen eingestehen musste.

Die Entomologen wollten sich morgen früh um zehn Uhr treffen. Die Zusammenkunft stand dieses Mal im Zeichen des bedrohten Nierenzweckzipfelfalters, dem in den Städten das Unkraut als natürlicher Lebensraum immer mehr fehlte. Traudich liebte Schmetterlinge. Ihn faszinierte nicht nur ihre Fragilität, sondern auch die einzigartige Farbenpracht ihrer Flügel. Darüber hinaus hatten die Entomologen ein gemeinsames Ziel: Kostbares trotz widriger Zeiten zu schützen und die Öffentlichkeit wachzurütteln. – War er als Kommissar nicht auch manchmal so etwas wie ein Entomologe? Nur gelang es ihm immer seltener, ungute Entwicklungen aufzuhalten, um Schlimmeres zu vermeiden.

Traudich war so in Gedanken versunken, dass er nicht das Horn des Notarztwagens hörte, dessen Heulton sich Richtung Marsch immer mehr verlor.

Stefan Strom stand unter der Dusche und ließ das Wasser auf seinen Rücken prasseln. Obwohl draußen die Hitze wütete, tat ihm das heiße Wasser gut.

Er schlüpfte in seinen Bademantel, schob die Liege in den Schatten einer Kiefer und ließ sich auf die Auflage fallen. Erleichtert stellte er fest, die Ruhelosigkeit in den Beinen weggelaufen zu haben. Während er sich mit beiden Händen den Bademantel glatt strich, wurde er sich seiner Nacktheit unter dem Frottee bewusst. Ob er den Mantel öffnen sollte? Wie es wohl wäre, den leichten Küstenwind über die nackte Haut streichen zu lassen? Was für ein Gedanke, kritisierte er sich. Als ob er nicht genug andere Probleme hätte.

Ein paar vorbeifliegende Austernfischer lenkten ihn ab. Ihre lauten, durchdringenden Stimmen verknäulten sich in ein aufgeregtes Durcheinander. So schnell wie sie kamen, verstummten sie wieder. Die anschließende Stille wirkte umso lauter. – Dass es heutzutage noch so still sein konnte. Das hielt man ja nicht aus! Seine Waden meldeten sich. Da kam es wieder, dieses Kribbeln, das zunächst langsam aufstieg. Gleich würde er wieder die gleiche Anspannung in seinen Beinen spüren wie vor dem Laufen. Er hatte sich zu früh gefreut.

Was hatte er sich bloß dabei gedacht, in der Nähe von Tating eine Ferienwohnung zu mieten? In seinem Zustand. Am Arsch der Welt. Mit lauter Besoffenen in der Marsch und hin und wieder Touristen, die – ganz beseelt von der Weite der Landschaft – mal auf ein Lämmchen, eine Wolke oder lachend auf eine pinkelnde Kuh zeigten. Als stünden sie in einer Kunstausstellung vor einem Rembrandt. Quatsch Rembrandt. Heute musste es ein Banksy sein, dessen Bild sich während einer

Auktion selbst zerschredderte. Haha! Wie witzig! So etwas fand man heute toll. Und nicht, dass einer wie er seine Position als Abteilungsleiter ausnutzte, um einem älteren Kollegen, der dem Tempo in der Arbeitswelt nicht mehr gewachsen war, zu schützen.

Er stand auf. Musste etwas tun. Sonst würde er ... Ja, was. Was würde er? Scheiße! Er hatte keine Ahnung. Das war es ja gerade.

Stefan Strom ging hinein, öffnete seinen Laptop und überflog noch einmal die Mail. Von seinem Stellvertreter an die Geschäftsführung gerichtet. Der das „Personalproblem", wie er von ihm genannt wurde, fair und ergebnisorientiert diskutieren wollte. Hatte ihn aus Fairnessgründen auf „CC" gesetzt. Bockmist! Nichts daran war fair! Die reinste Boshaftigkeit war das. Besonders die Wahl des Zeitpunkts. Er sollte die Mail in seinem Urlaub lesen. Weit ab vom Schuss.

Sollte er nach Stuttgart zurückfahren? Wenn er hier bliebe, hätte der Kollege freie Bahn, seine Position „ergebnisorientiert" infrage zu stellen. Es war nicht das erste Mal. Gedankenversunken rieb er sich die Knöchel seiner rechten Hand. Sie schmerzten. Er musste vorhin ziemlich fest zugeschlagen haben. Warum hatte sich der Idiot auch so provokativ in den Weg gestellt?

Das entfernte Blöken der Deichlämmer holte ihn wieder zurück. Wie verlogen diese ganze Idylle war. Was wussten die hier schon, wie es im wirklichen Leben aussah? Lebten auf einer grünen Oase und bezeichneten diese verfickte Stille als Ruhe.

Er musste raus!

Traudich blickte auf Ole hinunter. Er lag wie tot in seinem eigenen Erbrochenen.

„Er nun wieder", stöhnte Traudich. Er kannte Ole Hansen. Wenn es irgendwo einen Tumult gab, war er dabei.

Kopfschüttelnd starrte er auf dessen T-Shirt-Spruch: „Da muss ich erst mal eine Nacht drüber feiern". Genauso war er. Treffender konnte das T-Shirt ihn nicht beschreiben. Und das in seinem Alter. Oder trugen Männer Ende Zwanzig noch solche T-Shirts? Er sah kurz zu Tim Gerdes, der auf der Bank eingeschlafen und vom Motorenlärm wieder aufgewacht war. Mit schleppenden Schritten kam er langsam auf sie zu. Er trug ein blaues, stark ausgeblichenes T-Shirt, das vom vielen Waschen aus der Form geraten war und unter seinem Bauchansatz aus der Hose hing. Auch nicht viel besser, schoss es Traudich durch den Kopf.

„Dieses Mal scheint es ernst zu sein", sagte Hennak. Der Polizeiarzt hatte zuerst Oles Puls gefühlt und gab ihm nun leichte Klapse gegen die Wange. Ole öffnete jedes Mal kurz die Augen, um gleich wieder wegzusacken.

„Alles ist immer ernst. Und hier ‚scheint' auch nichts, hier blendet's", brummelte Traudich.

„Alles klar bei dir?"

„Bis vorhin noch."

Hennak schaute Traudich von der Seite an. Er mochte seinen alten, zauseligen Kollegen. Auch wenn sie streng genommen keine Kollegen waren, begann für sie beide die Arbeit am selben Ausgangspunkt. Jeder bekam den Anruf, sich am Tatort einzufinden und jeder hoffte während der Anfahrt auf seine Weise, kein allzu großes Unglück anzutreffen. Kommissar Traudich hatte ihm vor fünfzehn Jahren, nach seinen ersten Einsätzen, wie ein Vater zur Seite gestanden. Wie oft hatte er bei ihm in der kleinen, gemütlichen Küche gesessen, bei Traudichs legendärem Magenbitter. „Betreutes Trinken kann manchmal helfen", hatte Traudich ihn dann immer aufzumuntern versucht, wenn ihm der Schrecken angesichts der Opfer zu stark in die Glieder gefahren war. Aber während der letzten Jahre hatte sich etwas verändert. Und manchmal dachte Hennak, dass sich die Rollen langsam vertauschten und er Traudich immer mehr zur Seite stehen musste.

„Ole, mach kein‘ Scheiß!“, rief Tim, der sich jetzt mit einer Hand am Dach von Traudichs Wagen festhielt. „Alter, steh auf!“ Er stieß sich ab, um zu Ole zu gehen.

„Bleib‘ bloß, wo du bist!“

Hennak sah erschrocken zu Traudich. Diesen Tonfall kannte er nicht. Er sprang auf, eilte zu Tim, um eine weitere Eskalation zu vermeiden und führte ihn zum Auto. „Komm, setz dich hier rein.“ Er öffnete die Tür von Traudichs Wagen, setzte ihn auf den Beifahrersitz. „Warte hier.“

Traudich hatte in der Zwischenzeit das T-Shirt hochgeschoben. „Nun sieh dir diese Sauerei an!“, rief er.

Hennak kniete sich wieder neben den Verletzten. Beide blickten auf ein großes Hämatom unter dem Brustbein.

„Da hat aber jemand fest zugeschlagen“, dachte Hennak laut. „Und ich hatte gedacht, dass hier Sonne und zu viel Alkohol ganze Arbeit geleistet hätten.“

„Etwa Tim?“, überlegte Traudich.

Hennak blickte zu Tim. Er war wieder eingeschlafen. Sein Arm baumelte schlaff herunter, der Kopf war ihm auf die Brust gesackt. „So voll, wie der ist, kann ich mir das nicht vorstellen. Da hat jemand richtig brutal zugeschlagen.“

„Vor morgen kann ich die beiden nicht befragen. Da käme jetzt nur wirres Zeug raus.“

„Alles klar. Wir sprechen uns später noch einmal.“

Traudich ging zu seinem Wagen, legte Tim den Arm auf die Oberschenkel und schlug vorsichtig die Beifahrertür zu. Er wusste, wo Tim seine kleine Wohnung hatte. Oder war es klüger, ihn zu seiner Mutter zu bringen? Nicht, dass er später in seinem Erbrochenen erstickte. Irgendwann würde das ganze Gift bestimmt rauskommen wollen.

Traudich entschied, Tims Privatsphäre zu wahren und ihn nicht zu seiner Mutter zu fahren. Das Treppensteigen, hoch zu Tims Wohnung, empfand Traudich mehr als Bergbezwingung mit viel zu schwerem Rucksack. Nur dass er anstelle des Rucksacks den massigen Ole vor sich hochschieben musste. Traudich hatte die Tür kaum aufgeschlossen, da befreite sich Tim von ihm, um erstaunlich zielgerichtet das Sofa anzusteuern und sich fallen zu lassen. Traudich drehte ihn auf die Seite, schob einen Eimer auf Kopfhöhe neben das Sofa und stellte ein Glas Wasser auf den Tisch. Mehr konnte er nicht tun.

Nachdem Traudich wieder im Auto saß, sich den Schweiß von Nacken und Stirn abgerieben hatte, fuhr er weiter zu Oles Eltern, um ihnen kurz mitzuteilen, was passiert war. Sie besaßen einen großen Hof, der noch rentabel war, weil sie sich rechtzeitig den Veränderungen der Zeit angepasst hatten. Mit großem Engagement hatten sie aus ihrem Betrieb einen „Erlebnishof" gemacht. Mit Hofladen, Schafen, eigener Käserei. Dabei hatten sie hauptsächlich an Ole gedacht, der alles einmal übernehmen sollte. Sie versuchten bereits, ihn einzuarbeiten. Aber Ole hatte andere Pläne. Wenn er denn überhaupt welche hatte, die er klar benennen konnte. Er träumte in seinem Alter immer noch von der großen Freiheit. Aber woher die kommen sollte, konnte er auch nicht sagen. Dieser Kindskopp! –

Traudich kannte Ole und Tim aus der Dorfkneipe „Zum großen Anton". Die Zwei erschienen dort immer im Doppelpack, sie waren schon als kleine Jungen unzertrennlich. Er verließ die schnurgerade Landstraße und bog auf die Einfahrt zum Bauernhof ein. Neben ein paar Autos stand eine Vielzahl an Fahrrädern vor dem Hofladen. Oles Vater sprach zu einer Gruppe von Erwachsenen und Kindern. Die Hof-Führung schien gerade begonnen zu haben. Oles Vater würde jetzt eine knappe Einführung in den Ökolandbau und den Naturschutz hier auf Eiderstedt geben, bevor er die Touristen zu den Schafen führte.

Einen schlechteren Zeitpunkt hätte ich nicht wählen können, dachte Traudich. Um den Vater nicht zu beunruhigen, lenkte er den Wagen abseits vor das große Scheunentor. Wenn ich Ole jetzt dabei hätte, könnte ich den Besuchern einen weiteren Beitrag zum Landleben bieten. „Nu is aber genug", schalt er sich. Die Hitze, aber auch die zwei Dösbaddel, machten ihn schon ganz mürbe. Die beiden waren doch keine sechzehn mehr, bei denen so was mal passieren konnte!

Eine Mücke setzte sich auf seinen Handrücken. Mit gezieltem Schlag, laut klatschend, tötete er sie. Nicht auch noch stechen lassen.

Traudich stöhnte. Er brauchte dringend Gesellschaft. Gerade als er beschloss, anschließend zu seinem Fre und Anton zu fahren, eilte Oles Mutter auf den Wagen zu. Als ob sie wüsste, was er ihr gleich sagen würde, spiegelte ihr Gesicht den ganzen Kummer einer ratlosen Mutter.

Stefan Strom hatte sich eine weiße, luftige Leinenhose übergezogen, trug dazu ein roséfarbenes Poloshirt und Flip-Flops einer bekannten Surfer-Marke. Auch die Kleidung trug mehr oder weniger dezente Hinweise auf die jeweils hochpreisigen Hersteller. Wer sich auskannte, konnte schnell den Wert seines Outfits ermessen. Er hatte die Erfahrung gemacht, dass man ihm so schneller mit mehr Respekt begegnete, und er sich nicht um die ersten Bonuspunkte bemühen musste. So tickte nun mal die Welt.

Die zahlreichen Touristen in St. Peter Ording sollten als Kontrastprogramm zur Abgeschiedenheit seiner Ferienwohnung dienen. Fast alle Barhocker um die hohen Bistro-Tische waren besetzt, weswegen er sich für einen Tisch mit zwei

Männern entschied. Sie schienen dermaßen in ihr Gespräch vertieft zu sein, dass er glaubte, einem belanglosen Urlaubs-Small-Talk ausweichen zu können.

Er war durstig, wartete jetzt schon vier Minuten auf die Bedienung, um seine Bestellung loszuwerden. Wenigstens war hier der Außenbereich überdacht und bot Schutz vor der heißen Sonne. Dazu wehte eine leichte, frische Brise vom Strand her und kühlte ein wenig seinen Nacken.

Sieben Minuten! Nun saß er hier schon sieben Minuten, und er hatte immer noch nicht bestellt. Stefan Strom folgte dem Sekundenzeiger seines Chronometers. Er spürte einen immer stärker werdenden Druck auf der Brust. Wenn nicht gleich jemand käme ... „Bedienung!“, schrie er.

Den beiden Tischnachbarn gefror ein unsicheres Lächeln im Gesicht.

Stefan Strom schlug mit der flachen Hand auf den Tisch und verzog sogleich schmerzhaft sein Gesicht. Er sah, dass sich die Knöchel seines Mittel- und Zeigefingers bläulich verfärbt hatten. „Was ist denn das hier für ein Laden!?“

Eine Frau am Nachbartisch schaltete sich ein. „Sehen Sie denn nicht, was hier los ist? Zwei Bedienungen für den ganzen Bereich!“

„Na und? Ist das mein Problem? Schließlich zahle ich ja auch für das Bier. Und das nicht zu knapp!“

„Aber das kommt nicht der Bedienung zugute.“

„Im Gegenteil“, mischte sich sein Tischnachbar ein. „Das wird hier alles auf den Rücken der Angestellten ausgetragen. Je weniger Angestellte, desto größer der Verdienst.“

„Soll ich die Pussies auch noch streicheln, wenn sie mir denn mal das Bier bringen?“

„Wie reden Sie denn!“, empörte sich die Frau.

„Lass ihn, der kann's nicht besser“, mischte sich ihre Freundin ein. „Sieh ihn dir doch an.“

„Und was sehen Sie?", fragte Stefan Strom aufgebracht zurück. „Na? Was sehen Sie?"

Die Frau zuckte nur kurz mit den Schultern, drehte sich um, so dass er auf ihren Rücken sah.

Stefan Strom sah sich mit plötzlicher Wucht seinem Kollegen gegenüber gestellt. Er wusste jetzt schon: Wenn er nach seinem Urlaub wieder ins Büro zurückkäme, würde er vor der gleichen Mauer stehen, die jetzt diese nach Duschgel stinkende Touristin vor ihm aufbaute.

„Trübe Tassen! Nichts weiter als trübe Tassen hier!"

Stefan Strom sprang abrupt vom Barhocker und lief Richtung Strand. Er konnte die Blicke der Gäste in seinem Rücken spüren. Jedes Auge brannte sich wie ein heißer Fettspritzer in seine Haut.

Traudich fuhr auf Schleichwegen durch die Marsch. Die frischen Schilfgräser an den Ufern der Marschgräben standen erst zur Hälfte ihrer endgültigen Höhe zwischen den alten, abgestorbenen Gräsern des Vorjahres. Dicht an dicht säumten die hohen Halme die Ufer der Gräben und bildeten ein Muster, als wären mit einem Pinsel fedrige Linien über das weite Land gezogen worden. Helles, ausgewaschenes Beige vor sattem Grün. Strich der Wind durch die dunklen, in der Sonne silbrig schimmernden Blütenbüschel, lösten sich die Konturen auf. Die aus der Entfernung filigran wirkenden Halme bogen sich, während die Blüten zu den Luftströmen ineinander verwirbelten. So entstand ein Flirren über den Gräsern, das Traudich jedes Mal wieder faszinierte. Er hielt an, um diesem ganz besonderen Naturschauspiel zuzusehen. Die Pause sollte ihm helfen, ein wenig Distanz zu dem kurzen Gespräch mit Oles Mutter zu schaffen.

Eine plötzliche Dankbarkeit durchströmte ihn. Er wusste, wo er hingehörte. Und mochte die Zeit noch so rasen und Vertrautes mit sich reißen, hier draußen spielte das keine Rolle.

Stefan Strom war gelaufen und gelaufen. Er hatte nur ein Ziel: Weg von den Menschen. Der Sandstrand war hier so breit, dass er jedem, ganz gleich zu welcher Jahreszeit, die Möglichkeit bot, mit sich allein sein zu können. Er war müde, schon wieder verschwitzt, würde gerne etwas ruhen. Aber sich ohne jeglichen Sonnenschutz in den Sand zu legen, wäre einfach nur leichtsinnig. Je länger er lief, desto mehr schämte er sich. Er kannte sich kaum wieder. Was war eben in ihn gefahren, sich dermaßen daneben zu benehmen? Und heute Vormittag. Hatte sich einfach den Weg freigeboxt.

Er stand jetzt an der Wasserkante, die Hosenbeine bis zu den Knien hochgekrempelt und erfrischte seine Füße. Dabei sah er zwei Möwen zu, die sich vom Wasser treiben ließen. Nebeneinander im gleichmäßigen Auf und Ab der sanften Wellen. Wie friedlich.

Stefan Strom atmete tief ein, schloss die Augen, lauschte dem Meer. Er stellte sich vor, auf einer Insel zu stehen. Um ihn ein Wasserwall, bewacht von den beiden Möwen, die einvernehmlich an einem Strang zogen: Ihn zu schützen. Er dachte an Herrn Keller. Er war der älteste Kollege in seiner Abteilung und hatte noch ein gutes Jahr bis zur Rente. Alle anderen waren deutlich jünger. Eine neue Generation. Und er als Mittvierziger genau dazwischen. Er wusste, dass er seine Position nutzte, um Herrn Keller weiter auf seinem Posten zu halten. Er wusste auch, dass die jüngeren Kollegen dessen Arbeit mitmachten. Aber konnten sie das nicht auch? Sie hatten doch das erforderliche Fachwissen und genügend Power. Konnten sie den armen Mann nicht noch dieses eine Jahr mit durchziehen? Verschwand denn die Mitmenschlichkeit im gleichen Tempo, wie sich die Arbeitswelt veränderte?

Ein plötzliches Möwengezänk riss ihn aus seinen Gedanken. Eine dritte Möwe landete im Sturzflug zwischen den beiden anderen und verursachte ein feindliches Durcheinander.

Stefan Strom bückte sich wütend nach einer großen Austernmuschel und versuchte, den Störenfried zu treffen.

„Mistvieh!“ Schlagartig pochte das Blut in seiner Halsschlagader. Warum konnte, verdammt noch mal, nicht einer den anderen in Ruhe lassen? War das Meer nicht groß genug? Musste diese Möwe ausgerechnet zwischen den beiden anderen schwimmen? Er rannte völlig aufgelöst ins Wasser, um dem Scheißvogel den Hals umzudrehen. „Wenn ich dich erwische, dann ..., dann!“

„Was ist denn mit dem los? Guck doch mal!“ Zwei Spaziergängerinnen sahen, wie Stefan Strom, voll bekleidet, ins Wasser rannte und irgendetwas zu schreien schien.

„Ob der Hilfe braucht?“ Sie blieben ratlos stehen und sahen, wie der Mann immer weiter ins Wasser lief, drei Möwen vor ihm wegflogen, er ihnen wild gestikulierend etwas zurief und dann in sich zusammensackte.

Als Traudich die alte Friesentür „Zum großen Anton“ aufstieß, schlug ihm ein Schwall fröhlicher Stimmen entgegen. Anton hatte alle Hände voll zu tun, weil gerade eine größere Gruppe Fahrradfahrer gekommen war. Alle wollten so schnell wie möglich ein kühles Bier. Zielstrebig steuerte Traudich seinen Tisch an, den Anton stets für ihn frei hielt. Antons Blick ging von Traudich zu Britta, die heute den Thekendienst übernommen hatte. Er nickte ihr nur kurz zu, woraufhin wenig später ein gekühlter Magenbitter vor ihm stand. Wie wunderbar, sich ohne Worte zu verstehen, dachte Traudich. Solch ein stilles Einvernehmen hatte er sich auch mit Christa gewünscht. Es musste nicht immer geredet werden. Aber Christa hatte sein Schweigen nicht als Nähe, sondern als Leere gesehen. Wie hatte er das bloß so falsch einschätzen können? Hätten sie noch eine Chance, wenn er sich etwas geselliger zeigte?

Traudich ließ einen kleinen Schluck des kalten Magenbitters ganz langsam über seine Zunge laufen. Trinken und Schweigen passten zusammen. Aber es musste ein behütetes Schweigen sein. Mit Anton in seiner Nähe fühlte er sich sicher, er wusste, dass der auf ihn aufpassen würde. Sie kannten sich schon seit der ersten Klasse und waren seitdem unzertrennlich. – Bewies das nicht, dass er sehr wohl Nähe zulassen konnte?

„Wieso liegt Ole zusammengeschlagen im Krankenhaus?“, fragte Anton, als er sich endlich zu Traudich setzen konnte.

„Das weißt du schon?“

„Weißt du doch, wie fix das hier geht.“

„Ich hab‘ keine Ahnung, Anton. Tim und Ole müssen erst einmal ihren Rausch ausschlafen, bevor ich sie fragen kann. Vielleicht weiß ich dann mehr.“

„Und wie geht's dir, Ernst-August?“, Anton musterte seinen Freund.

Traudich nahm einen weiteren kleinen Schluck. Anton war der Einzige, der ihn bei seinem Vornamen nennen durfte. So sehr Traudich seine Eltern in Ehren hielt, aber was sie sich dabei gedacht hatten, ihn Ernst-August zu nennen, war ihm bis heute ein Rätsel. Wie oft war er als kleiner Junge wegen dieses Namens in der Schule verspottet worden?

„Bist du noch da?“

„Ach“, begann Traudich widerwillig. „Ich frag mich, was diese ganze Sauferei soll. Warum lassen sich die beiden dermaßen zulaufen? Sie haben hier doch alles. Sie müssen nur das Richtige daraus machen.“

„Meinst du die Frage ernst?“ Anton sah seinen Freund mit schräg gestelltem Kopf an.

Traudich griff erneut zum Magenbitter und trank ihn aus. Warm geworden, verlöre er seinen wohltuenden, herben Geschmack. Er hob das leere Glas. Britta verstand nicht nur Anton, sondern auch ihn ohne Worte. Wirklich wunderbar.

„Den zweiten Magenbitter gibt es aber eigentlich immer erst nach dem Essen, August."

„Ich tu einfach so, als hätte ich schon gegessen."

Anton erhob sich seufzend. Sein Freund konnte manchmal ein wahrer Dickkopf sein. „Weißt du eigentlich, dass Ole in Hamburg eine Stelle gefunden hat? Er will ins Gastgewerbe. Da kann er vielleicht Fuß fassen, wenn er sich geschickt anstellt."

„Und der Hof seiner Eltern!? So etwas schmeißt man doch nicht weg!"

„Traudich! Was ist denn mit dir? Du müsstest doch am besten wissen, wie sich alles verändert."

„Das ist es ja! Mir bleibt nichts anderes übrig als zuzusehen und den ganzen Müll wegzuräumen. Eigentlich werde ich immer mehr zum Müllmann."

Anton ging zur Theke und entschied, einzugreifen. Er folgte Traudichs Spruch „Trinken allein geht gar nicht" und bestellte bei seinem Koch ein „August-Spezial": Bratkartoffeln mit ZWEI Heringen und EINER aufgefächerten sauren Gurke. Nicht mehr und nicht weniger. Den zweiten Magenbitter knallte er vor Traudich auf den Tisch.

„Alles nicht so einfach, was?", sagte er mit einem Augenzwinkern. „Der Hering hängt nun mal an seinen eigenen Kiemen."

Traudich konnte darauf nur mit einem Knurren antworten.

Stefan Strom hatte sich in nasser Kleidung in den trockenen Sand gekauert. Mit dem Kopf auf den angezogenen Knien glaubte er, seine Verfassung vor vorübergehenden Strandgästen verbergen zu können. Doch so sehr er sich bemühte, er bekam sein Schluchzen nicht unter Kontrolle. Die Schultern hoben und senkten sich, machten mit ihm, was sie wollten. Panik stieg in ihn auf. Hatte er keine Kontrolle mehr über sich?

„Hallo?“

Eine Frau berührte sanft seine Schulter. Er wollte das nicht, fühlte sich belästigt. Schließlich hatte er nicht um Hilfe gebeten. Er begann zu zittern, zu schwitzen.

„Kann ich Ihnen helfen?“

Er riss seinen Kopf hoch, wollte sich gerade lautstark ihr Einmischen verbitten ... und verstummte. Die Frau vom Nachbartisch blickte auf ihn hinunter. Der penetrante Duschgel-Geruch haftete immer noch an ihr. Als sich ihre Augen trafen, erkannte sie ihn auch wieder. Schweigen.

„Gehen Sie!“, presste er hervor. Er wollte sich nicht helfen lassen. Erst recht nicht von ihr. Er schämte sich.

„Los!“

Die Frau hob beide Hände auf Brusthöhe, signalisierte ihm, ihn in Ruhe zu lassen und ging weiter. So erregt, wie der Mann war, sollte sie besser nicht weiter in ihn eindringen. Dass er Hilfe brauchte, war allzu offensichtlich. Nach ein paar Schritten zog sie ihr Smartphone aus der Tasche und drückte den Notruf.

Traudich genoss gerade die kross gebratenen Bratkartoffeln, als Hennak anrief. Jetzt war er es einmal, der Luft ablassen musste. Er war Notarzt und kein Sozialarbeiter. Zuerst der besoffene Ole und nun ein überspannter Tourist, der Möwen bewarf und seine Mitmenschen als trübe Tassen beschimpfte.

„Solange er niemandem etwas tut.“

„Das ist deine Antwort?“

„Nein, eigentlich nicht, und das weißt du auch.“

„Der Mann stand so was von neben sich.“

„Aha, und du bist jetzt auch noch Psychologe?“

„Mensch Traudich, mir kann’s doch auch einmal zu viel werden. Der Mann hat sich fürchterlich über eine Möwe aufgeregt, die nichts weiter als Unfrieden im Kopf hatte.

Stell dir das doch mal vor!“

„Besser nicht.“

„Das ist alles?“

„Nein, Hennak. Danke für den Anruf. Ich melde mich.“ Dass er sich melden wollte, hatte er einfach dahin gesagt, um etwas freundlicher zu wirken. Die Wahrheit war, dass er nicht länger beim Essen gestört werden wollte. Essen und Reden passten eben nicht zusammen. Wie sollte er Hennak und seinen Geschmacksknospen gleichzeitig zuhören können? Er legte Messer und Gabel auf den Teller und wischte sich den Mund ab.

„Selbst am Essenstisch regiert die Eile der Zeit.“

„Bitte was?“, Anton blieb mit leeren Gläsern auf dem Tablett vor ihm stehen. Er hatte gerade den Tisch der Fahrradgruppe abgedeckt. „Der gute Traudich auf einem Höhenflug? Du klingst ja fast philosophisch.“

„Warum müssen wir beim Essen auch noch reden? Doch nur, um Zeit einzusparen. Schlagen sozusagen zwei Fliegen mit einer Klappe.“

„Das sehe ich anders.“

„Klar siehst du das anders. Mal wieder ganz nach deinem Motto: Jedes Ding hat seine zwei Seiten.“

Anton konnte nur noch den Kopf schütteln.

„Wobei ein Quader auch ein Ding ist“, führte Traudich seinen Gedanken unbeirrt laut fort. „Und der hat mehr als zwei Seiten, Anton. Und wo ist vorne, wo hinten? Ist aber heutzutage alles egal, oder? Dann betrachtet man ihn eben von der Seite aus, die gerade passt.“ Traudich hatte sich mit jedem Gedankenschritt weiter in Rage gebracht.

Anton stellte das Tablett ab, setzte sich zu Traudich und sah ihn an. Er kannte seinen Freund. Jetzt war es besser, einfach nur eine Weile zu schweigen.

„Warum werfen die Kinder das Erbe ihrer Eltern weg, Anton? Ist das denn alles egal geworden? Du führst doch auch die

Kneipe deines Vaters weiter. Und ich wahre das Erbe meiner Eltern, indem ich in der Kate wohnen geblieben bin. – Liegen wir inzwischen so falsch?“

„Fährst du morgen zum Entomologen-Treffen?“

Traudich brauchte einen Moment, um sich auf Antons Gedankenschwenk einlassen zu können.

„Ich glaube, ja. Vorher will ich noch Ole und Tim befragen. Sie werden dann ja wohl nüchtern sein.“

„Das ist sehr gut. Mach das.“

Traudich hatte unruhig geschlafen. Er hatte von taumelnden Schmetterlingen geträumt, die vergeblich versuchten, mit nur einem Flügel das Gleichgewicht zu halten. Immer wieder sackten sie im Schrägflug zu einer Seite hin ab, versuchten mit wildem Flügelschlag wieder aufzusteigen. Je mehr sie sich bemühten, desto mehr verloren die Flügel ihre bunten Muster, wurden immer durchscheinender, gläserner, begannen zu zersplittern, bis die schweren Körper flugunfähig auf ihren Rücken lagen.

Es war erst halb Fünf. Er stand auf und ging in seine Wohnküche. Er zog sich den Sessel ans Fenster und benutzte die niedrig gelegene Fensterbank, um sein kaltes Leitungswasser abzustellen. Er liebte diesen Platz. Hinter ihm brummte der große Kühlschrank, der ihm eine wohlige Rückendeckung gab, damit er sich nach vorne zum Fenster hinaus der ungeschützten Weite hingeben konnte. Er sah in die frühe Morgenblässe. Gesund musste man schon sein, dachte er, um das Land aushalten zu können. Hier gab es wenig, um vor sich selbst Reißaus nehmen zu können.

Er leerte das Glas mit einem Zug, doch das Wasser floss nur über die feststeckenden Traumbilder hinweg, anstatt sie fortzuspülen. Noch immer sah er die hilflosen Körper neben- und übereinanderliegen, die ohne Flügel einfach nur plump aussahen. Ging es den Menschen nicht ähnlich? Was blieb am Ende von ihnen übrig, wenn ihre Flügel gestutzt waren? Wurden sie nicht zu ähnlich unförmig aussehenden Körpern? Einige lehnten sich noch einmal auf, nahmen sich gewaltsam das, was ihnen fehlte oder von dem sie glaubten, dass es ihnen fehlte. Andere gaben auf, tranken oder fraßen, weil sowieso alles egal war. Oder schlugen zu, mordeten. Wollten nicht einfach lautlos gehen, sondern sich mit einem letzten Fanfarenstoß von ihrem Leben verabschieden. Was sie einte: Sie alle hatten ihr inneres Gleichgewicht verloren. Was sie unterschied: Jeder wählte einen anderen Fanfarenstoß. Und ausgerechnet er, Ernst-August Traudich, dessen Körper auch nicht mehr der Unversehrteste war, sollte das Fanfarenorchester dirigieren.

„Nu is aber gut!" Traudich sprang mit energischem Schwung aus dem Sessel und lief geradewegs zur Dusche. Schiet auf die Uhrzeit, dachte er. Jetzt kaltes Wasser und dann raus!

Die Kälte des Wasserstrahls lenkte seine Gedanken augenblicklich auf seinen Körper, der sich jetzt nicht mehr so verlebt anfühlte, sondern gegen die Kälte rebellierte.

„So ist's richtig", brummelte Traudich, während er sich abtrocknete. „Ich lass mich doch nicht kleinkriegen."

Traudich ging in die frühe Morgenkühle hinaus und setzte sich auf seine kleine Terrasse, die im Schutz der aufgeschichteten Findlinge des Friesenwalls lag. Hier durfte er seinen heißen, frisch gefilterten Kaffee ruhig etwas lauter schlürfen, weil ihn niemand hören konnte. Bis heute bereitete er den Kaffee nach einem alten Hausrezept zu: pro Kanne eine feine Prise Salz. Eine Kaffeemaschine hatte er nie ins Haus gelassen, geschweige denn eine „Kaffeefabrik", wie er die monströsen Gourmet-Kaffeevollautomaten nannte. Das alles war doch nichts gegen den dickwandigen Melitta-Porzellanfilter und das weiße Filterpapier, das er so lange ausstrich, bis es sich den geriffelten Innenwänden des Porzellans anschmiegte. Nichts gegen den Moment, wenn er das Wasser über das Kaffeemehl goss, dem leisen Fließen des durchlaufenden Kaffees lauschte, den aufsteigenden Kaffeegeruch einatmete und sich auf den ersten Schluck freute. Einfach einmal die Zeit für einen Moment anhalten. Und nicht schon am Vorabend den Kaffeeautomaten so programmieren, dass er zeitgleich mit der Morgentoilette fertig ist. – Ob die Menschen nicht merkten, was das mit ihnen machte?

Traudich sah auf die Uhr. Auch wenn der Krankenhausbetrieb schon früh losging, konnte er jetzt noch nicht zu Ole fahren. Und zu Tim erst recht nicht. Ihm kam der spontane Einfall, den Teppich unter seinem Schreibtisch gründlich zu saugen. Die Kühle des Morgens könnte ihn dabei freundschaftlich begleiten. Und später würden die Entomologen den Part der Kühle übernehmen. Naja, nicht alle. Aber einige.

Stefan Strom hatte entschieden, den Urlaub abzubrechen. Die Reisetaschen standen fertig gepackt im Flur. Es machte keinen Sinn, die bereits bezahlte Miete für die Ferienwohnung abzuwohnen, während seine Gedanken ständig um die Arbeit kreisten. Auf den letzten Abend konnte er alles andere als stolz sein. Er hatte von den Rettungskräften immer wieder lauthals verlangt, ihn zu seiner Ferienwohnung zu bringen, da er nicht krank sei. Um sein Zittern zu verbergen, hatte er beide Hände zwischen die fest zusammengepressten Oberschenkel geschoben, doch dem Arzt hatte er nichts vormachen können. Im Krankenwagen wurde ihm trotz seines lautstarken Drängens mit professionell gleichbleibender Freundlichkeit gesagt, kein Taxi zu sein. Die Fahrten würden nun einmal vor dem Eingang der Notaufnahme des Krankenhauses enden. Schon allein wegen der ganzen anschließenden Formalitäten.

Die anschließende unfreiwillige Ruhe hatte ihn dermaßen ermüdet, dass er auf seinem Sitz im Krankenwagen fest eingeschlafen war und, als er geweckt wurde, sich etwas entspannter fühlte.

Ole wachte mit hämmernden Kopfschmerzen auf. Sein Blick fiel auf einen alten Mann im Nachbarbett, der eine Sauerstoffmaske trug. Wieso lag er im Krankenhaus? Was war passiert? Als er sich mit dem Arm abstützte, um sich aufzurichten, spürte er einen starken Schmerz unter seinem Brustbein und ließ sich gleich wieder zurückfallen. Beim Ausatmen griff er intuitiv an seine oberen Rippen. Tat das weh! Bloß nicht zu tief einatmen, dachte er.

Er hörte dem angestrengten Atmen des Bettnachbarn zu. Wie krass war das denn? Kam bald mal jemand? Er wollte hier raus. Und das Fußballspiel hatte er auch verpasst. Plötzlich war alles wieder da. Er hatte mit Tim in der Marsch ein paar Bier gehoben, weil er vom Streit mit seinem Vater die Schnauze voll gehabt hatte. Er war zu Tim gegangen. „Komm Alter, mit Bier in den Adern wirst du nicht mehr so hadern“, hatte Tim gesagt. Wie immer ihre Einleitung zum Frustsaufen.

Sein Vater hatte ihn wieder einmal zwingen wollen, am Nachmittag an der Hofbegehung teilzunehmen. Aber er wollte nicht von den Touristen als ein Bauer „besichtigt“ werden, dem man unbedingt noch einmal begegnen musste, weil man nicht wusste, wie lange es diesen Berufsstand in dieser Form noch geben würde. Und sein Vater kannte seine Ablehnung ganz genau. Mensch nochmal, er war fast Dreißig. Was dachte sich sein Vater bloß? Behandelte ihn wie einen dösigen Knallkopp.

Er dachte an die TV-Sendung „Bauer sucht Frau“. In ihr wurden Bauern vorgeführt, die keine Frau fanden. Wie blamabel! Was andere Männer am Arbeitsplatz, in der Kneipe oder sonst wo schafften, hofften diese Bauern zusammen mit einer Moderatorin in dieser Sendung hinzubekommen. Nein, das war nicht blamabel, das war einfach nur zum Kotzen. Bauern wie Zuchtvieh auf einer Zuchtviehauktion. So sah er das. Wo Bauern als Zuchtbullen oder Versorger irgendwelcher einsamen Frauen unter den Hammer kamen. Hoffentlich dankten die Frauen das dann wenigstens mit ordentlichem Sex. Wenn er da an die künstlichen, vorgewärmten Gummivaginen dachte, die den Zuchtbullen übergestülpt wurden. Wie gresig. – Wenigstens blieben die Bauern davon verschont.

Sein Ziel war Hamburg. Dort arbeiten und sich noch einmal richtig austoben können, bevor er sich für eine Frau entschied. Und das ohne Kuh- und Schafstallgeruch, ganz allein aus eigenen Anstrengungen heraus. So sah er das. Genau so!

Tim hatte mehrere Tassen Pfefferminztee getrunken. Hatte ihn gierig geschluckt, mal seinen Mund gespült, dann einen großen Schluck im Mund behalten, um den Zungenrücken zu erfrischen. Es ging ihm langsam besser, als ein plötzlicher Anruf ihn zusammenzucken ließ.

„Hallo Tim, Traudich hier. Alles klar?"

„Warum fragst du?"

„Weil ich dich gestern nach Hause gebracht habe. So hackevoll wie du warst."

„Ach ..."

„Tim?"

„Ja?"

„Nicht besonders gesprächig, was?" In Traudichs Stimme schwang eine Mischung aus Sorge und Spott mit. „Wenn ich da an deine gestrige Gesangseinlage im Auto denke. Ein Unterschied wie Tag und Nacht."

„Ich hab gesungen?"

„So voll, wie du warst. Was habt ihr euch nur dabei gedacht, euch so abzufüllen?"

„Wieso? Ist doch nichts passiert."

„Bis auf Ole. Der hat es bis ins Krankenhaus geschafft."

„Was!?"

„Ich möchte dich bitten, zu Ole zu kommen. Dann können wir zusammen reden."

Tim bekam ein mulmiges Gefühl. Was hatten sie denn bloß gestern angestellt? Und warum hatte er jetzt das blöde Sauflied „Hackevoll, durch die Nacht" im Kopf. Hatte er das etwa in Traudichs Auto gesungen? Hoffentlich hatte er dabei nicht auch noch versucht, Helene Fischer zu imitieren. Wie peinlich war das denn!

Ole musste sich in den nächsten Wochen schonen, seine rechte zweite Rippe war gebrochen. Ansonsten war alles in Ordnung. Fast in Ordnung, wie ihm der Arzt mit einer knappen Andeutung auf seinen Alkoholpegel zu verstehen gab. Ihm blieb also nichts anderes übrig, als den ganzen Heilungskack abzusitzen. Ole sah nichts als tote Zeit vor sich. Womit sollte er die füllen? – Wie gut, dass er seine Stelle in Hamburg erst im Herbst antreten musste. Bis dahin musste er vollends gesund sein und sein Saufen besser im Griff haben.

Er setzte sich behutsam auf die Bettkante, um an die Nachtschrankschublade zu kommen. Ob man sein Handy dort hineingelegt hatte? Er wollte Tim anrufen, er sollte ihn abholen. Ein stechender Schmerz sagte ihm, sich zu schnell aufgerichtet zu haben. Er schloss die Augen. Bloß nicht zu tief atmen, du Hirni. Das hatte ihm der Arzt doch eben erst erklärt. Da konnte sein Widerstand gegen jegliche Bevormundung noch so groß sein, der würde ihm hier nichts nützen.

Er dachte an seine Eltern. Er musste ihnen endlich seine Entscheidung mitteilen, dass er den Hof nicht weiter bewirtschaften würde. Dass ihr verdientes Altenteil anders aussehen würde, als sie es sich erträumten. War er deswegen ein schlechter Sohn? Oh, Mann, dachte er, was für eine Nerverei alles!

Traudich betrat Oles Krankenzimmer. Er hatte vorher kurz mit dem Arzt gesprochen und erfahren, dass Ole wieder nach Hause gehen konnte.

„Wen suchst du denn hier?", fragte Ole verwundert.

„Dich."

„Mich? Such lieber den Arsch, der mir das angetan hat!" Ole spürte sofort wieder seine gebrochene Rippe.

Traudich holte tief Luft: „Und jetzt mal ganz sinnig, Ole. Zweiter Versuch. - Guten Morgen, Ole. Wie geht's?"

Die Tür öffnete sich und Tim trat ein.

„Ich wollte dich gerade anrufen", sagte Ole verblüfft. „Ich kann nach Hause."

„Prima", meinte Traudich. „Dann sind wir komplett. Du kannst deinem Saufkumpan ja beim Anziehen helfen."

„Saufkumpan? Was ist das denn für ein Wort?"

„Na, dann eben Kumpel oder Spezi. Oder was weiß ich." Aus dem Augenwinkel sah er ein leichtes Kopfschütteln, das die beiden jungen Männer miteinander tauschten.

Traudich fühlte sich plötzlich alt.

Das gemeinsame Gespräch in der Krankenhaus-Caféteria zeigte Traudich schnell, dass er nicht viel zu erwarten hatte. Tim sagte, gleich nachdem Ole aufgestanden war, auf der Bank eingeschlafen zu sein. Die linke Gesichtshälfte, von der starken Sonneneinstrahlung gerötet, bestätigte die Aussage. Und Ole, der die Welt nur noch durch einen Tunnelblick wahrgenommen zu haben schien, konnte sich lediglich daran erinnern, in der Ferne etwas Weißes auf dem schnurgeraden Marschweg gesehen zu haben, das langsam größer wurde.

„Etwas Weißes. Dass auf dich zukam. So, so“, wiederholte Traudich.

„Wie spooky“, kicherte Tim.

„Hör auf mit dem Scheiß“, stieß Ole Tim an. „Ich kann doch nicht lachen.“ Dabei hielt er seine Hand schützend über die gebrochene Rippe.

Traudich gab auf. Die beiden benahmen sich wie die Kinder. Es war nicht zu glauben. Also ging es jetzt nur noch darum zu klären, ob Ole eine Anzeige gegen Unbekannt aufgeben wollte oder nicht. Er sollte morgen zur Dienststelle kommen und ihm seine Entscheidung mitteilen.

Er war schon aufgestanden, wollte gerade „Tschüs bis morgen“ sagen, da hörte er, wie Ole seinen Freund als „trübe Tasse“ bezeichnete. Er stutzte. Das hatte er heute doch schon einmal gehört.

Stefan Strom hatte das Auto gepackt, wollte nur noch kontrollieren, ob er nichts vergessen hatte, als es klingelte.

„Herr Strom?“

„Wer will das wissen?“ Was sollte das? Er wollte los. Seit er sich entschieden hatte, abzureisen, konnte ihm sein Aufbruch nicht schnell genug gehen. Er war angespannt und wollte sich jetzt nicht von einem alten Friesenkopp aufhalten lassen. Allein wie der dastand, in seiner abgetragenen Jeans, die er nur noch unter dem Bauchansatz schließen konnte.

„Kommissar Traudich.“

Gut, das klein karierte Hemd sah frisch gebügelt aus, die weißen und roten Karos unterstrichen seine gesunde Hautfarbe. Aber die war nichts Ungewöhnliches. Selbst die alten Frauen hatten hier durch die Seeluft eine Frische im Gesicht, die keine noch so teure Anti-Falten-Creme bewirken konnte.

„Ich möchte Sie gerne zu einem gestrigen Vorfall befragen.“

Traudich? Stefan Strom verkniff sich eine Bemerkung. Was war denn das für ein Name? Wie konnte man denn damit unbeschadet leben?

„Kann ich hereinkommen?"

Stefan Strom sah Traudich an, als verstünde er jetzt erst, wer da vor ihm stand.

„Kommissar?"

Traudich nickte. „Ich möchte, dass wir uns setzen."

„Warum?"

„Weil es sich so besser reden lässt." Während seiner ganzen Dienstjahre hatte Traudich seine Verhöre – wenn immer es möglich war – im Sitzen vorgenommen. Er war überzeugt, so eine sachdienlichere Nähe herstellen zu können. Die Gestik seines Gegenübers verdichtete sich innerhalb dieses Bewegungsrahmens zwangsläufig, was sich oft in der Mimik spiegelte. Aufgestaute oder zurückgehaltene Emotionen wurden für ihn so schneller greifbar.

Traudich ging ohne Aufforderung in die Wohnung und steuerte direkt auf den Esstisch zu. Während er sich setzte, forderte er mit einer Handbewegung Herrn Strom auf, sich ihm gegenüber zu setzen.

„Sie fragen sich, wie ich dazu komme, ausgerechnet Sie zu befragen?"

„Allerdings."

Traudich atmete geräuschvoll aus, betrachtete sein Gegenüber abwartend, während sich der Rhythmus seines Atmens einpendelte und sich sein Brustkorb gleichmäßig hob und senkte.

Natürlich wusste Stefan Strom sofort, warum der Kommissar da war. Er hatte sich gestern einfach zu sehr mitreißen lassen. Aber wie war der so schnell auf ihn gekommen? Er musste zusehen, den Dorf-Sheriff so schnell wie möglich abzuwimmeln. Er wollte los.

„Herr Strom, machen Sie es bitte nicht schlimmer, als es ist."

„Was wollen Sie von mir?"

„Dass Sie einfach sagen, wie es gewesen ist."

„Es!? Was meinen Sie mit ‚Es'? Ich kenne nur einen Film, der diesen Titel trägt."

Traudich fühlte sich durch die Arroganz dieses Mannes provoziert. Auch wenn das unprofessionell war, konnte er sich eine entsprechende Antwort nicht verkneifen.

„Richtig, Herr Strom. Erzählt nach Stephen King. 1. Teil einer Neuverfilmung 2017. Sowohl Horror- als auch Coming-of-Age-Film."

Stefan Strom presste die Lippen aufeinander.

„Passen Sie mit Ihren Vorurteilen auf", knurrte Traudich. Der Mann konnte ja nicht wissen, dass er diesen Film rein zufällig kannte, weil Anton ihm nämlich keine Ruhe ließ, wenn es um den „großen Meister" Stephen King ging.

„Herr Strom", begann Traudich, „wie ich erfahren habe, gleicht ihr Weltbild dem eines Küchenschrankes."

„Was?"

„Die Gesellschaft als Küchenschrank. Die Schrankböden als Bürgersteige für Menschen, die nichts weiter als trübe Tassen sind."

Zwischen Stefan Stroms Augenbrauen grub sich eine tiefe Denkfalte. Er war offensichtlich bemüht, dem Sinn von Traudichs Worten auf die Spur zu kommen.

„Wie viele Böden hat Ihr Schrank?"

„Wie meinen Sie das?"

„Wie kommen Sie dazu, alles, was Ihnen im Weg steht oder nicht schnell genug ausweicht zu beleidigen oder zu verletzen?"

Stefan Strom schlug mit beiden Händen auf den Tisch und hielt sich sogleich seine schmerzenden Knöchel. „Und wie kommen die anderen dazu, sich mir in den Weg zu stellen? Breitbeinig? Mit frechem Grinsen? Besoffen?"

„Aha."

„Was ‚aha'?" Der Alte machte ihn rasend. Wie war der eigentlich drauf?

„Dann ist doch alles klar."

Stefan Strom stand auf. Was hatte er eben nur gesagt? Mit jedem seiner Worte war die Breite des Esstischs geschrumpft. Er brauchte Abstand. Aber Stehen war auch keine Lösung, ein bisher nicht gekanntes Körpergefühl machte ihn noch rastloser. Er spürte sein Blut wie dickflüssiges Öl, das zähfließend vom Kopf in die Beine lief und eine widerwärtig schmutzige Schleifspur hinterließ.

„Herr Strom?"

Das Blut staute sich jetzt in den Beinen, übte von innen einen Druck aus, als wollte es raus. Er schüttelte die Beine aus, begann auf und ab zu laufen.

Traudich saß aufrecht auf dem Stuhl und ließ Stefan Strom nicht aus den Augen. Dieser Mann war ein Bündel quälender, widerstreitender Gefühle, die sich dermaßen verheddert hatten, dass es für ihn im Moment keinen Ausweg mehr gab. Das hier überstieg Traudichs Qualifikation, er war Kommissar und kein, kein ... wie auch immer sich die Psychologen mit all ihren neuen Therapieansätzen nannten. Nicht, dass er sie als unnötig erachtete. Sie waren wichtig. Auch für seine Arbeit, aber er kam manchmal nicht mehr richtig mit. Es passierte inzwischen viel zu viel mit den Menschen.

Traudich rieb sich die Schläfen. Der unruhige Schlaf der letzten Nacht saß ihm noch in den Knochen. Eigentlich mussten sie nicht weiter reden. Es war alles gesagt. Nun hing es nur noch von Ole ab, ob er eine Anzeige erstatten wollte oder nicht.

Traudich sah zu Stefan Strom. Der stand mit dem Rücken zu ihm vor der Terrassentür, hielt sich am Griff fest und hörte nicht mehr auf, auf der Stelle zu treten. Traudich füllte ein

Glas mit Leitungswasser und reichte es ihm. Dankbar trank er es mit einem Zug leer.

„Noch eins?"

Stefan Strom nickte. Während Traudich zur Spüle ging, hörte er die leise gestellte Frage: „Ihr Beispiel mit dem Küchenschrank. Was meinten Sie eigentlich damit?"

Traudich war erleichtert. Es war gut, dass der Mann zu sprechen begann, und er sich mit seinem wirklich abstrusen Bild nicht zum dösbaddeligen Landkommissar gemacht hatte.

„'Trübe Tassen'. Wer beleidigt heutzutage denn noch so?", begann Traudich vorsichtig. „Das fällt eben auf. Da war es nicht schwer, Sie zu finden. Und dann standen die ‚trüben Tassen' plötzlich als Bild vor mir. Nebeneinander gestellt. Im Küchenschrank."

„Natürlich in der unteren Reihe."

„Darüber die noch Glänzenden", nahm Traudich den Gedanken auf.

„Und ganz oben die funkelnden Kristallgläser." Stefan Strom spuckte „funkeln" förmlich aus.

Traudich reichte ihm das zweite Glas. Stefan Strom trank es wieder mit einem einzigen großen Schluck aus und sprach weiter: „Wissen Sie, warum die Tassen trübe geworden sind?"

Traudich schüttelte den Kopf.

„Weil sie in der großen Spülmaschine gesäubert werden. Mit einem Spülmittel, das ihre Haut im Laufe der Zeit immer poröser werden lässt. Und aus glänzenden Tassen trübe Tassen macht. Schlecht für sie. Sie müssen dann nämlich ein Regal tiefer, ins unterste. Aussortiert. Ausrangiert. Endstation."

Traudich zog beide Augenbrauen nach oben. „Und was ist mit den Kristallgläsern?"

„Tja! Die sind für die zwei unteren Reihen unerreichbar. Leben in ihrer eigenen Welt."

Traudich verschlug es die Sprache. Das passierte ihm nicht oft. Er sah den Mann an. Wie war es möglich, dass dessen Außen so überhaupt nicht zu seinem Innen passte?

Traudich war nicht mehr nach Hamburg gefahren. Er wäre zu spät angekommen. Es war auch gut so. Er wollte lieber allein auf seiner Terrasse sitzen. Eine leichte Brise war aufgekommen und trug die salzige Meeresluft bis zu ihm. Dankbar atmete er die Frische ein. Das sonderbare Gespräch wirkte in ihm nach. Hoffentlich hatte Stefan Strom einen Menschen, der ihm die nötige Unterstützung geben konnte, sein inneres Gleichgewicht wieder zu finden. Oder sollte er besser die Konsequenz aus dem rücksichtslosen Verhalten seines Kollegen ziehen und sich nach einer neuen Stelle umsehen? Es tat doch niemandem gut, am Arbeitsplatz mit Menschen auskommen zu müssen, die diejenigen skrupellos zur Seite drückten, die der Karriere im Weg standen. Wie schwer es war, in der heutigen Zeit seinen richtigen Platz zu finden. Nicht nur für Stefan Strom. Auch für Ole und für Tim.

Traudichs Zunge klopfte an. Er verstand ihr leichtes Kribbeln am Zungenrand: Sie bat um einen gekühlten Magenbitter. Verdient hatte er einen. Sollte er?

Wie war er eben nur darauf gekommen, die Welt als Küchenschrank zu bezeichnen? Traudich schüttelte den Kopf. Was Christa wohl dazu gesagt hätte? Mit ihr zusammen wäre ihm ein solcher Ausrutscher nicht passiert. Er stöhnte, öffnete seinen Hosenknopf, weil diese Hose auch schon zwackte. Auch das wäre ihm mit Christa nicht passiert. Mit ihr zusammen wäre nicht nur sein Gewicht, sondern auch sein Gleichgewicht im Lot. Wie unverantwortlich von ihr, ihn einfach zurückzulassen!

Traudich würde jetzt gerne die Türen des Küchenschranks schließen. Nur für einen Moment. Dann würde er die Welt auch wieder hereinlassen.

Kommissar Traudich und der späte Nachmittag

Kommissar Traudich blickte direkt in die weit aufgerissenen Augen des Opfers. Er schauderte, wandte sich ab, neigte den Kopf leicht nach hinten und blickte hoch zu den dickbauchigen, weißen Wolken. Doch die Weite des nordfriesischen Himmels, mit dem aufgeregten Geschrei der Austernfischer und Möwen, verwehrten ihm den Zugang. Himmel und Vögel waren sich heute einig und ließen ihn inmitten der Salzwiesen allein zurück, zerrten stattdessen ein Gefühl großer Verlassenheit hervor, das ihm nur zu gut bekannt war. Wie gerne würde er sich jetzt auf eine Wolke fallen und von ihr forttragen lassen.

Hennaks Räuspern unterbrach seine Gedanken und holte ihn zurück. Traudich zwang sich, noch einmal in die Augen des Toten zu sehen und spürte eine Undurchdringlichkeit in ihnen, die ihn aussperrte.

„Eins ist jetzt schon klar", stellte Hennak fest. „Der Mann ist hier zwar gestorben, aber den Tatort musst du woanders suchen."

„Muss ich nicht immer woanders suchen?", murmelte Traudich.

Hennak sah ihn aufmerksam aus den Augenwinkeln an. Der Polizeiarzt kannte Ernst-August Traudich nun schon viele Jahre, konnte aus seinem Tonfall ableiten, wie es in ihm aussah. Und wie es klang, sah es gerade nicht gut aus. Jetzt lag es ganz bei ihm, Traudich vor den trüben Gedanken zu schützen, die den Kommissar leicht überfielen.

Er grinste ihn an: „Machst heute mal wieder einen auf Philosoph?"

„Ich pfeif' dir was auf Philosoph, du alter Blubberkopp." Hennak musste noch mehr grinsen. So war ihm sein Kollege schon viel lieber. Besser grummelig als melancholisch.

Traudich sah ein drittes Mal in die Augen des Toten. Sie glichen verschlossenen Türen. Wie schwer musste sein Leben auf ihm gelastet haben, dass er sich dem Außen verschlossen hatte?

Traudich reckte sich, streckte seinen Brustkorb hervor, um seine Lungen für frische Luft zu öffnen, doch seine Beklommenheit blieb. Er beschloss, am Abend, wenn nur noch vereinzelte Strandspaziergänger unterwegs waren, schwimmen zu gehen. Diese Tageszeit liebte er am meisten, weil sich erst dann eine ganz eigene Lautlosigkeit wie ein Teppich über das Meer legte. Riesig groß, für ihn allein. Bis zum Horizont. Er würde ein paar kräftige Züge gegen die Strömung schwimmen, mehr ging nicht, weil das Wasser noch zu kalt war. Aber in dieser frühen Jahreszeit ging es auch weniger um das Schwimmen als um das anschließende belebende Körpergefühl.

Er schüttelte den Kopf. „Belebend", was für ein Wort angesichts eines Toten!

Hennak sah die tiefe Falte auf Traudichs Stirn. „Is was?"

„Ja ..., nein ... oder doch. Mir spukte gerade das Wort ‚belebend' durch den Kopf."

„Muss ich mir Sorgen um dich machen, Traudich?", witzelte Hennak weiter.

„Nein, Gedanken."

„Häh?"

„Gedanken, keine Sorgen. Gedanken zu ‚belebend'. Was glaubst du", wandte er sich Hennak zu, „ist jemand, der etwas als ‚belebend' empfindet, nicht schon eher tot?"

„Eher tot? Wie das denn? Tot ist tot."

„Sei nicht so platt, Hennak. Ich meine tot jetzt im Sinne von ‚lebendig begraben'", erwiderte Traudich leicht ungeduldig.

Plötzlich fixierte Hennak das Opfer, hielt die Luft an und antwortete mit gepresster Stimme: „So, wie ich diesen Mann hier beinahe lebendig totgesagt hätte?"

„Was!?“ Traudich kniete sich mit einer Gewandtheit, die sein Äußeres nicht vermuten ließ, neben Hennak und legte seine Hand an die Halsschlagader des Opfers. Ganz deutlich spürte er ein schwaches Pulsieren.

Sönke spürte immer noch jeden einzelnen Knochen im Körper, obwohl nach der großen Kraftanstrengung eine ganze Nacht vergangen war. Dass sie ihn so schnell finden würden – damit hatte er nicht gerechnet. Der Briefträger hatte ihm vorhin erzählt, dass man einen Toten in den Wiesen vor dem Deich gefunden hätte. Daraufhin war er trotz des starken Regens noch einmal hingefahren. Warum überhaupt?

Trotz regte sich in ihm. Jeder muss zusehen, wo er bleibt, sich nehmen, was ihm zusteht. Heißt es nicht so? Und er hatte nichts weiter getan als genau das. Auch, wenn er das, was passiert war, so nicht geplant hatte. Sönke horchte in sich hinein. Keine Gewissensbisse, dafür das Geräusch des kurzen Knackens, als der Stein die Schädeldecke des fremden Mannes traf. Des Schurken, der auf dem Seitenstreifen der Landstraße langsam immer näher gekommen war.

Er saß im feuchten Gras bei den Schafen und Lämmern und spürte die Nässe durch seinen Hosenboden dringen. Er dachte an seine kleine Beeke, die immer so gerne den Lämmern zugesehen hatte, wie sie an den Zitzen ihrer Mütter saugten. „So wie ich bei Mama“, hatte sie gesagt. Wenn sie dann später wieder in ihrem Spielhaus saß, hatte sie ihr T-Shirt hochgezogen und ihrer Puppe mit einer Ernsthaftigkeit die Brust gegeben, die Elke und ihn immer wieder rührten.

War es falsch, was er getan hatte? Nein. Auch er musste zusehen, wo er blieb, wo er zusammen mit Elke blieb. Fast ein ganzes Jahr hatte er auf den gestrigen Tag warten müssen, um seinen Plan durchführen zu können.

Sich beistehen in guten wie in schlechten Zeiten, das hatten er und Elke einander versprochen. Alles weg. Sich beistehen in guten Zeiten, sich abwenden in schlechten Zeiten. So sah es aus. Nicht nur mit Elke, auch mit vielen anderen aus dem Dorf, die er schon lange kannte. Als wollten sie mit seinem Schicksal besser nichts mehr zu tun haben.

Sönke fuhr mit den Händen über das feuchte Gras, verrieb die Nässe auf seinen Wangen und schloss die Augen. Er blieb so sitzen, hielt sich selbst den Kopf, den eigentlich seine Frau hätte halten müssen.

Traudich saß noch nicht lange in seinem Auto, als sein Smartphone klingelte. In Husum war eine Vermisstenanzeige von einem Hotelangestellten eingegangen. Da sich das Hotel in Traudichs Nähe befand, sollte er die erste Befragung durchführen. Was für ein Tag, dachte er. Gleich zwei Einsätze innerhalb weniger Stunden. Bin ich hier auf Eiderstedt oder in der Bronx? Wogegen sich die Kriminalitätsrate in der Bronx ja verringert haben sollte.

Während Traudich das Hotel ansteuerte, wurde ihm wieder einmal bewusst, über wie viele Kilometer sich St. Peter Ording am Wasser hinzog. Er musste vom Süden in den Norden fahren. Je mehr er sich Nord-Ording näherte, desto ruhiger wurde es auf der Straße. Zur Linken der Deich, zur Rechten der Blick auf das ländliche Hinterland, den die immer breiter werdenden Häuserabstände erlaubten. Dabei befand er sich immer noch im stark ausgebuchten Seebad, das dieses Jahr sogar den 2. Platz des deutschen Tourismuspreises gewonnen hatte.

Vor der Anlage, die über die Jahre zu einer Art Gästedorf angewachsen war, vergegenwärtigte sich Traudich noch einmal die Informationen, die er eben erhalten hatte: Der Hotelangestellte hatte sich heute früh, nach dem Abräumen des Frühstücksbüffets, gefragt, ob er die Polizei alarmieren solle. Er war über einen Gast, Arno Winkler, beunruhigt, den er das letzte Mal am Vorabend gesehen hatte.

Vielleicht, dachte Traudich, handelte es sich ja um den Verletzten aus den Salzwiesen?

Traudich betrat kaum das Hotel, als ihm die junge Frau von der Rezeption auch schon entgegen eilte. So diskret wie möglich bat sie ihn, ihr ins Büro zu folgen. Sie wollte der kleinen Gruppe an Gästen, die gerade in ausgelegten Prospekten blätterte, keinen Anlass zur Beunruhigung geben. Welches Hotel hatte schon gerne die Polizei im Haus?

Wenig später saß Traudich auf einem kleinen Friesensofa und wartete auf den Angestellten. Er lehnte sich zurück, drückte seinen Rücken gegen die solide Polsterung. Sein Kreuz begann zu schmerzen, eigentlich bräuchte er Ruhe und Wärme. Er sah aus dem Fenster und blickte über die gepflegte Rasenfläche hinaus auf die weiten Wiesen. Im frühen Sommer gaben hier die üppigen Hortensiensträucher bestimmt einen farbenfrohen Kontrast zu den unterschiedlichsten Grüntönen.

Erst jetzt bemerkte Traudich die abgetragene hirschbraune Herrenhandtasche mit Gelenkschlaufe auf dem Couchtisch. Dass es immer noch Männer gab, die damit vor die Tür gingen! Neben der Tasche lag ein Personalausweis. Er betrachtete das Foto und schon verschmolzen die zwei Einsätze zu einem. Das Bild zeigte den Mann, in dessen Augen er vorhin gesehen hatte. Er trug ein weißes Oberhemd mit schwarzem Schlips, die Haare akkurat gekämmt, der Seitenscheitel wie mit einem Lineal gezogen. Sein schmaler Mund zeigte den Versuch eines Lächelns, als hätte der Fotograf ihn gebeten, etwas freundlicher in die Kamera zu blicken. Aber der Versuch ließ Arno Winkler nur noch bekümmerter wirken.

Ein hochgewachsener, schlaksiger Mann betrat das Büro und grüßte mit einem betont lässigen „Moin, Moin“.

Traudich nickte ihm freundlich zu und bat ihn, sich zu setzen. Er erhob sich andeutungsweise, während er sich mit „Kommissar Traudich“ vorstellte.

Sein Gegenüber schluckte. Traudich sah den Anflug mühsam unterdrückter Heiterkeit in dem schmalen Gesicht, nachdem der Angestellte seinen Namen gehört hatte. Traudich ließ sich seinen Missmut nicht anmerken. Er hatte im Laufe seines Lebens gelernt, besser so zu tun, als merkte er nichts. Und trotzdem ...

„Jens Pech.“

Pech, auch nicht viel besser, musste Traudich innerlich grinsen. „Ein ungewöhnlicher Name für die Gegend. Sie kommen nicht von hier?“

„Doch, doch. Nur mein Vater nicht. Ich bin in St. Peter Ording geboren.“

„Und Sie arbeiten hier? Zieht es einen jungen Mann wie Sie nicht weiter weg?“

Der Kellner schürzte seine auffallend vollen Lippen, zuckte mit den Schultern, schüttelte den Kopf als wollte er „mir doch egal“ sagen.

„Verstehe. Herr Pech, bitte erzählen Sie doch, was Sie veranlasst hat, sich bei uns zu melden.“

Augenblicklich vollzog sich in Jens Pech eine Verwandlung. Er zog einen Stuhl zu sich heran und setzte sich Traudich gegenüber. Breitbeinig wie es breitbeiniger nicht ging, wappnete er sich durch ein Räuspern, rieb die Hände tatenfreudig gegeneinander, um dann in etwas tieferer Stimmlage zu beginnen: „Ja also, wo fange ich am besten an?“

Traudich spürte, wie Jens Pech sich mit jedem Wort wichtiger fühlte. Und obwohl er genau zuhörte, konnte er nicht vermeiden, diesen jungen Mann mit einem Luftballon zu vergleichen, der immer praller wurde und am Ende hoffentlich nicht platzte.

Traudich erfuhr, dass Jens Pech am Abend zuvor nicht nur die Herrenhandtasche von Arno Winkler im Strandkorb gefunden hatte, nein, der Gast war heute Morgen auch nicht zum Frühstück erschienen. Das zusammen genommen war höchst ungewöhnlich. Er kannte den Gast inzwischen ein wenig, weil er jetzt das vierte Mal hintereinander aus dem Ruhrgebiet zu den Ringelgans-Tagen angereist war.

„Ringelganstage? Und dann wohnt er hier?", fragte Traudich entgeistert. „Dafür ist doch wohl eher die Biosphäre Halligen bekannt. Und von hier, bis zur Fähre, um auf eine Hallig zu kommen ... "

„Jo. Komisch is' das."

„Haben Sie ihn einmal gefragt, warum er sich immer hier einmietet? Bis zur Fähre fährt er doch bestimmt an die 40 Kilometer."

„Nee. Was glauben Sie, was man hier alles sieht, das es eigentlich nicht gibt. Ich frag' da nicht mehr."

Traudich konnte sich den Gedanken nicht verkneifen, dass der junge Mann auch schon ein wenig so aussah, als kümmerte ihn nicht mehr viel. Traudich erfuhr weiter, dass Arno Winkler stets einem streng strukturierten Tagesablauf folgte: Nach dem Frühstück um halb Sieben, bestehend aus zwei Spiegeleiern auf Schwarzbrot mit saurer Gurke, fuhr er den Weg bis Schlüttsiel, setzte dort mit der Fähre nach Hallig Hooge über und kam am späten Nachmittag zurück. Sein Feierabendbier trank er, wenn das Wetter es erlaubte, in der Außenanlage, bevorzugt in dem rot-weiß gestreiften Strandkorb, der vor dem aufgeworfenen Muschelsand stand.

Traudich kam nicht drum herum, er musste Jens Pech einen Pluspunkt für die feine Beobachtung geben.

Arno Winkler, erfuhr Traudich weiter, hatte bei seinem ersten Besuch erzählt, dass er auf seiner Arbeit – und dann schien Pech die nasale Tonart Arno Winklers nachzumachen – auf ungesunde Weise von sich selbst abgespalten sei und daher umso mehr dieses flache Land brauchte, das von nichts ablenkte. Bei den letzten Worten hatte der Kellner sich ein Grinsen nicht verkneifen können, das noch breiter wurde, als er präzisierte: „Und es mussten immer zwei!! Spiegeleier zum Frühstück sein. Am besten Güteklasse 1, in Butter aus der Region, auf im Ort gebackenen Brot."

Eher widerwillig musste Traudich einen zweiten Pluspunkt wegen der – wenn auch überheblich dargebotenen – Gedächtnisleistung vergeben.

Nach einer kleinen Pause, Traudich hoffte, dass Jens Pech sein Gedächtnis nach weiteren wichtigen Gesichtspunkten durchpflügte, zwinkerte Pech Traudich zu.

Traudich lehnte sich instinktiv zurück. Was kam jetzt?

„Ich hätte nichts dagegen, mich mal von dem hier", dabei sah der junge Mann betont gelangweilt in die Runde, „abzuspalten." Seine Stimme erinnerte Traudich an ihm verhassten schleimigen Rahmspinat.

So, wie der Kellner die letzten Worte betonte, hatten sie noch dazu etwas Anzügliches. Plumpheiten dieser Art stießen Traudich ab. Und außerdem, fragte er sich leicht aufgebracht, was war daran erwähnenswert, immer zwei Spiegeleier haben zu wollen? Wenn er Salzheringe aß, mussten es auch immer zwei sein.

Traudich zog einen Pluspunkt ab.

„Und?", hakte er nach. „Fällt Ihnen noch mehr ein?"

„Noch mehr?"

„Noch mehr."

„Nee." Jens Pech stierte kopfschüttelnd ins Leere, dem prallen Luftballon entwich die Luft. Traudich kannte diesen Blick. Denkpause. Vielleicht morgen mehr. Immer eins nach dem anderen, ganz im Rhythmus der Gezeiten. Nach der Ebbe kommt die Flut, die Ebbe, die Flut ... Und niemals Ebbe und

Flut zusammen! Vielleicht war das der Grund, warum Jens Pech bis jetzt noch nicht weit herumgekommen war. Ja, ja, stöhnte Traudich innerlich auf, mit diesem Blick kannte er sich bestens aus. Und beim Kellner war augenscheinlich gerade Hohlebbe im Kopf.

Auch wenn Traudich sich gerade gedanklich ein wenig daneben benahm, so viel musste er Jens Pech lassen: Er war durchaus zu ein paar feinen, vielleicht sogar wertvollen Beobachtungen in der Lage gewesen.

Traudich entschied, hier erst einmal abzubrechen. Wieder nicht gerade professionell, dachte er, aber noch wusste ja nur er, dass der Vermisste und der niedergeschlagene Mann vor dem Deich ein und dieselbe Person waren. Es war besser, wenn er kurz auf Abstand ging. Seine vielen Berufsjahre hatten ihn gelehrt, dass persönliche Animositäten seinen Blick trüben konnten, er sie deswegen erst einmal in den Griff bekommen musste. Er dachte an Christa, die jetzt bestimmt ihre rechte Augenbraue hochgezogen hätte, um ihm ihre Achtung vor so viel Selbstkritik zu zeigen. Christa, – was sie wohl gerade machte? Ob sie ihn inzwischen schon vergessen hatte?

„Soll ich nun?“ Jens Pechs leicht ungeduldige Stimme drang in Traudichs Gedanken.

„Was haben Sie gesagt?“

„Soll ich dafür sorgen, dass niemand mehr ins Zimmer von Herrn Winkler geht?“

„Unbedingt.“

Beim Gehen schüttelte Traudich den Kopf über sich selbst. Wo hatte er diese Antwort schon einmal gelesen? Aber es war ein gutes Wort. Es war knapp und präzise.

Sönke presste seine zu Fäusten geballten Hände gegen die Schläfen. Wenn er könnte, würde er seinen Kopf so stark zusammendrücken, dass nur noch ein Gedanke hineinpasste: Das noch erledigen, dann wird alles gut.

Sönke riss die Decke, in der er den Leichnam über den Deich gezogen hatte, aus dem Kofferraum. Sie musste weg, mit all den blutverkrusteten Flecken. Er trug sie zur Mülltonne, warf sie hinein, zog sie wieder heraus, Elke könnte sie dort finden. Ging in den Schuppen, sah sich ratlos um, wickelte sie dabei aufgeregt um die Hände. Warf sie angeekelt von sich, als er an das Blut in der Decke dachte. Hörte Elkes Rufen.

„Sönke?"

Wohin mit diesem verfluchten Teil? In einen der alten Kartons, deren Wände durch die feuchte Luft gewellt und unbrauchbar geworden waren?

„Sönke?"

Sönke öffnete hastig den größten Karton, stopfte die Decke hinein, stellte einen kleineren darauf. Er war nicht zufrieden. Es sah aus, als hätte er hier gerade aufgeräumt. Er zog die hinteren Kartons nach vorne, wollte sie wahllos über den großen werfen.

„Hier bist du." Elke stand in der Schuppentür. „Was machst du?"

„Nichts."

„Nichts? Das glaub' ich nicht."

„Seit wann interessiert dich, was ich mache?"

Vor dem Licht, das durch die Schuppentür fiel, konnte er Elke nur als schwarzen Umriss sehen. Ging es ihr schlecht? Sie kümmerte sich sonst doch auch nicht darum, was er machte. Er wusste, sie mit seiner Antwort von sich gestoßen zu haben. Aber das sollte ihn jetzt nicht kümmern. – Wie gerne ginge er mal wieder raus. Aber wohin? Was fehlte ihm am meisten? Nicht seiner Frau, die seit „dem späten Nachmittag" eine andere geworden war.

Sönke sah das Heben und Senken ihrer Schultern und wusste, dass sie sich gleich von ihm abwenden und gehen würde. Früher hätte sie gefragt, warum er so abweisend sei.

„Tut mir Leid, Elke. Ich wollte nicht so sein. Warum hast du mich denn gesucht?"

Sie antwortete erneut mit einem Schulterzucken und ging. Das helle Licht fiel wieder in der ganzen Türbreite in den Schuppen. Es war, als wäre er eben von einer dunklen Erscheinung heimgesucht worden, die gekommen war, ihm das Ausmaß seiner zerrütteten Ehe zu zeigen.

Mutlos schlurfte er zum Auto, sah die verwelkten Mimosen, die seit gestern im Kofferraum lagen. Sollte er sein Schicksal herausfordern, die Blumen zum alten Kommissar bringen und einfach nur abwarten? Wäre das eine Lösung?

Traudich war auf dem Weg zu Anton. Er hoffte, bei seinem Freund die Eindrücke der ersten Befragung etwas sortieren zukönnen. Erst danach wollte er das Zimmer von Arno Winkler sehen. Und er baute darauf, seine Befangenheit Jens Pech gegenüber in den Griff zu bekommen. Die forsche Selbstsicherheit des jungen Mannes, die bis jetzt durch nichts gerechtfertigt war, provozierte ihn. Was konnte dieser Jens Pech, dachte Traudich – außer einer unbefristeten Arbeitsstelle ein paar Kilometer von seinem Geburtsort entfernt – schon groß vorweisen?

Ein Blick auf den Tacho zeigte ihm, dass er viel zu schnell fuhr. Er nahm den Fuß vom Gaspedal. Das ging jetzt wirklich zu weit, den Fahrstil seinen Gedanken anzupassen.

Das war es!, schoss es ihm durch den Kopf. Jens Pech fehlte der nötige Respekt den Gästen gegenüber. Bestimmt war das der alleinige Grund für seine Aversion, redete er sich ein und war ein wenig erleichtert.

Traudich näherte sich seinem Lieblingskoog, wo die vielen Vogelarten des Wattenmeers ungestört rasten und sich mausern konnten. Er war allein auf der Straße, fuhr noch langsamer. Trotzdem erhob sich, durch den Motorlärm aufgeschreckt, ein großer Schwarm Ringelgänse. Er stoppte den Wagen, stieg schnell aus, um noch das Vibrieren der Luft durch den plötzlichen Abflug der vielen Gänse spüren zu können. Er sah dem Schauspiel der Tiere zu, wie sie sich mühten, ihr schweres Körpergewicht in die Höhe zu hieven, um schließlich mit kurzen, kräftigen Flügelschlägen fortzufliegen. Was hatte sich die Natur nur dabei gedacht, diesen Kreaturen so eine große Mühsal aufzuerlegen? Wenn er eine Gans wäre, würde er sich jeden Abflug dreimal überlegen. Und bei seinem momentanen Körpergewicht sogar viermal.

Sönke war in den Flur geschlichen, um seine Jacke mit dem Portemonnaie zu holen. Aus dem Kinderzimmer erklang leise Klaviermusik. Seine Frau hörte Beekes Lieblings-CD „Im Garten der Pusteblume“. Die sanften Musiktöne trieben ihm Tränen in die Augen. Bloß raus!

Mit einem lauten Knall ließ er die Haustür hinter sich ins Schloss fallen. Elke konnte ruhig merken, dass ihm alles zu viel war. Er hatte den Gedanken, zum Kommissar zu fahren, erst einmal verworfen und wollte stattdessen lieber ein großes Bier trinken gehen. Er freute sich fast, gleich das erste Mal seit vier Jahren wieder in Gesellschaft zu trinken.

Sönke drehte sich noch einmal zum kleinen Klinkerhaus um und sah zu Beekes Fenster hoch. Stand Elke hinter der Gardine? - Egal. Er wusste, dass sie immer noch tief verletzt war, weil er ausgerechnet gestern, am Todestag ihrer Seuten, seine Frau allein gelassen hatte.

Als Traudich die Tür „Zum großen Anton“ aufstieß, schlug ihm der laute Lärmpegel ausgelassen feiernder Gäste entgegen. Die Kneipe roch nach Bier und abgestandenem

Zigarettenrauch. Wie hatte Traudich das vergessen können! Heute war der Tag im Jahr, den sich hier keiner nehmen ließ: Antons Geburtstag. Heute sorgte Anton für kostenloses Bier und erhielt als Dank von seinen Gästen das Gefühl, bei seiner Körpergröße von nur 1,56 Meter, wirklich Anton der Große zu sein. Sein Gesicht war ein einziges Strahlen, erst recht, als er Traudich erblickte. Er winkte ihm überschwänglich zu und gab ihm ein Zeichen, sich durch die Gäste hindurch einen Weg zu ihm zu bahnen.

Mit abgespreizten Ellbogen drängte sich Traudich durch die Feiernden, als er Sönke erblickte. Hatte er es endlich wieder nach draußen geschafft? Waren die Aussicht auf Freibier und Männerwitze inzwischen stärker als sein jahrelanger Schmerz über den Unfalltod seiner kleinen Beeke?

Traudich blieben Sönkes ruheloser Blick, sein angestrengtes Lachen und der feine Schweißfilm auf der Stirn nicht verborgen. Sönke strahlte etwas Gehetztes aus, er fühlte sich nicht wohl. Kein Wunder, dachte Traudich. Nach der langen Zurückgezogenheit in Antons Geburtstagsfeier zu geraten, musste der Wucht eines unangekündigten Tsunamis ähneln. Jetzt wischte sich Sönke plötzlich mit dem Unterarm kurz über die Augen und verließ überstürzt die Kneipe. Weinte er? Warum hatte niemand versucht, ihn aufzuhalten? Traudich stöhnte. Dass seit dem Unglück immer noch so viele Einheimische Sönke aus dem Weg gingen! Er zeigte wohl immer noch zu deutlich, wie zerbrechlich das eigene Glück sein konnte, wie sich von einer Minute auf die andere das ganze Leben verändern konnte. Dass das Angst erzeugte, konnte Traudich verstehen, aber wäre es nicht trotzdem das Mindeste gewesen, Sönke zum Bleiben zu bitten?

Anton stellte die Musik noch lauter. Natürlich sang Rio Reiser, von Anton zumNationalheld ernannt, leider viel zu früh verstorben. Anton fühlte sich dem Sänger nah verbunden. In

Rios Stimme hörte er die Weite Frieslands, in seinen Texten Wahrhaftiges.

„Und jetzt", schrie Anton über die Köpfe hinweg, „jetzt das Allergrößte!" Er stand mit einer schweren Schiffsglocke in der Hand auf dem Tisch, nickte seinem Koch zu, worauf der „König von Deutschland" laut aufdrehte. Anton schwenkte übermütig die Schiffsglocke zu den ersten Takten, bis alle zusammen den Refrain „das alles, und noch viel mehr, wenn ich König von Deutschland wär" grölten.

Traudich musste grinsen. Sein Anton. Kleiner Mann ganz groß. Wie der es verstand, sich zu feiern. So zurückhaltend und nachdenklich er sonst war, so präsent und feierwütig war er an seinem Geburtstag. Konnte einfach mal aus seiner Haut raus und die ganze Welt umarmen. Christa hatte seine Geburtstagsfeiern gemocht. Und wenn Traudich nicht laut genug mitsang, hatte sie immer liebevoll sein Ohrläppchen langgezogen und gerufen: „Traudich, nun trau dich doch." So etwas hatte nur Christa sagen dürfen und dürfte es noch immer. Aber sie wollte ja nicht mehr. Ob sie eigentlich gewusst hatte, wie stark er ihr vertraut hatte? Hatte er ihr das zu wenig gezeigt? Wäre sie bei ihm geblieben, wenn ihr diese Dimension klar gewesen wäre?

Traudich sah auf die Uhr. Er musste sich noch Arno Winklers Zimmer ansehen. Vielleicht konnte er Berufliches mit Privatem verbinden und nach der Zimmerbesichtigung ein Essen bekommen. Er winkte Anton zu, tippte sich kurz an die Stirn und ging. Er würde Anton morgen früh, wenn der seinen Rausch ausgeschlafen hatte, sein alljährliches Anton-hat-Geburtstag-Ständchen brummen.

Im Hotel waren die Tische des kleinen Restaurants fast alle besetzt. Traudich hatte es schließlich der jungen Frau von der Anmeldung zu verdanken, dass er am Ende des Speiseraums einen kleinen Tisch am Fenster bekam. Durch die Wand im Rücken und der Fensterfront an der Seite fühlte er sich angenehm geschützt. Ohne einen Blick in die Karte zu werfen, bestellte er auf gut Glück Heringe mit Bratkartoffeln. Gab es hier an der Küste überhaupt ein Restaurant, das dieses Essen nicht anbot? Es klappte. Nachdem die Kellnerin seine Bestellung mit einem freundlichen Nicken bestätigte, ging Traudich, um sich das Zimmer von Arno Winkler aufschließen zu lassen.

Die plötzliche Stille, die Traudich umfing, als er die Tür hinter sich schloss, ließ das penibel aufgeräumte Zimmer wie ein Geisterzimmer erscheinen. Wie sollte er hier einen Hinweis auf die Tat oder den Menschen Arno Winkler finden können? Illustrierte stapelten sich Kante auf Kante übereinander, ebenso die wenige Wäsche im Kleiderschrank. Weiße Oberhemden, weiße Unterhemden und Unterhosen im klassischen Feinripp, dagegen die Socken aus Baumwolle alle in Schwarz. Praktisch, dachte Traudich, mit dieser Farbkombination konnte man nichts falsch machen.

Das Nachtschränkchen war bis auf den Reisewecker leer. Ein Modell aus den fünfziger Jahren, mit Leuchtzeigern und mechanischem Uhrwerk, wie er es noch von seiner Mutter kannte. Das abgeschabte Leder des Klapp-Etuis deutete auf einen langjährigen Gebrauch hin. Er sah Arno Winkler auf der Bettkante sitzen, wie er dem Tag einen Rahmen gab, indem er den Wecker für die nächsten vierundzwanzig Stunden aufzog. Ob er seine für die Nacht abgelegte Kleidung genauso ordentlich über die Stuhllehne hängte wie das Paar Schuhe vor dem Bett stand?

Der Wecker war auf sechs Uhr gestellt. Die Uhrzeit passte. Arno Winkler schien selbst im Urlaub sehr strukturiert zu sein.

Als Traudich die Tür zum kleinen Bad öffnete, stutzte er. Auf dem dunkelblauen Frotteeteppich vor dem Waschbecken bildeten zertretene Blüten in ihrem sonnigen Gelb ein flüchtig hingeworfenes Muster. Traudich reckte seinen Kopf, um besser in das Waschbecken sehen zu können. Er musste vorsichtig sein, durfte keine Spuren verwischen. Auch dort kleine runde Blütenköpfchen. Hier schien der Blumenstrauß gelegen zu haben, der die herumliegenden Blüten verloren hatte. Warum war Arno Winkler ausgerechnet im Bad, wo es um Hygiene ging, so nachlässig? Passte das zusammen?

Als Traudich wieder das Restaurant betrat, sah er, dass sein Essen schon auf dem Tisch stand. Mit großen Schritten steuerte er auf seinen Platz zu. Bratkartoffeln schmeckten möglichst heiß am besten. Doch schon während er sich hinsetzte, starrte er auf die mit saurer Gurke arrangierten Heringe. Drei! Auf seinem Teller lagen drei Heringe neben einer normalen Portion Bratkartoffeln mit Speck. Das war äußerst ungewöhnlich. Traudich blickte aufmerksam um sich. Nahm ihn hier jemand hoch?

Jens Pech kam mit einem Bier, deutete grinsend auf die Heringe und gab ihm mit aufgestelltem Daumen zu verstehen, in der Küche seinen Einfluss für ihn geltend gemacht zu haben. Traudichs Laune verfinsterte sich. Drei Heringe störten das Gleichgewicht zu den Bratkartoffeln. Was hatte sich der Heißsporn bloß dabei gedacht?

„Ich habe weder ein Bier noch drei Heringe bestellt!“, platzte es aus Traudich heraus.

„Geht doch auf's Haus“, sagte der Kellner und setzte sich zu ihm an den Tisch.

„Ihre Gesellschaft auch?“, fragte Traudich noch verstimmter.

Jens Pech zog die Augenbrauen hoch, starrte ihn an. Sein Gehirn lief auf Hochtouren. Er suchte nach einer passenden Antwort, fand keine und ließ es damit auf sich beruhen. Er griff nach dem Bierglas, das er neben Traudichs Teller gestellt hatte, sagte leicht pikiert: „Dann eben nicht“, und prostete ihm zu. „Ich sollte doch noch einmal nachdenken, ob mir nicht noch mehr einfällt.“

„Und?“

Der Kellner tippte sich an die Stirn. „Da ist noch was.“

Traudich legte Messer und Gabel neben den Teller. Essen und Reden passten nicht zusammen, lenkten vom Wesentlichen ab. Andererseits war er vom Haus eingeladen worden. Konnte er da jetzt protestieren und auf seinem Feierabend bestehen?

„Immer am ersten, zweiten und vierten Tag. Das ist mir vorhin wieder eingefallen.“

„Was?“

„Herr Winkler ist immer am ersten, zweiten und vierten Tag nach Hallig Hooge gefahren. Nie am Dritten. Den ersten Urlaub hatte er vorzeitig abgebrochen. Aber dann, die letzten drei Jahre, ist er immer in genau der Folge auf die Hallig gefahren. Komisch, was?“

Traudich schwieg.

„Und gestern war dieser dritte Tag.“

„Übertreiben Sie es nicht ein bisschen mit der Drei?“, giftete Traudich. Die Gegenwart dieses jungen Mannes war für ihn eine Herausforderung, die er selbst nicht mehr verstand.

„Häh?“, große Augen stierten Traudich an.

„Erst ein dritter Hering, dann die letzten drei Jahre, jetzt der dritte Tag. Vielleicht irren Sie sich ja, und Herr Winkler ist gar nicht das dritte Jahr in diesem Rhythmus gefahren?“

Nun wurde es dem Kellner zu viel: „Scheint ja wirklich zu stimmen, was man über Sie redet.“ Im Aufstehen presste er ein knappes „Und Tschüs!“ hervor und knallte das Bierglas auf den Tisch.

Traudich zuckte zusammen. Er schluckte die Frage, was denn über ihn geredet werde, hinunter und forderte sich auf, endlich eine professionelle Zuvorkommenheit zu zeigen. Was konnte der Kellner dafür, dass ihm Essen heilig war? Und ging es hier tatsächlich nur darum?

„Wirklich sehr gut“, richtete er sein Lob an den Rücken des Kellners. „Sie haben eine ausgeprägte Beobachtungsgabe.“

Jens Pech blieb einen Atemzug lang stehen. Traudich probierte ein Stück vom Hering. Frisch war er, das musste er der Küche lassen. Aber ob die Bratkartoffeln an Antons heranreichten? Er hatte die Frage gerade zu Ende gedacht, da saß der Kellner wieder an seinem Tisch. Mit einer knappen Kopfbewegung forderte Traudich ihn auf, weiter vom Bier zu trinken.

„Und was Nele so erzählt, ist vielleicht auch noch wichtig.“

„Nele?“

Der Kellner errötete leicht. „Ja, Nele.“

„Ihre Freundin?“

„Nein, die doch nicht. Nele arbeitet hier nur als Zimmermädchen.“

Nele „nur“ ein Zimmermädchen? Was für eine Meinung dieser Friesenkopp von sich hatte! Traudich merkte, dass er sich schon wieder aufregte.

„Nele hat mir erzählt, dass der Winkler schon immer ein paar Tage vor seiner Anreise im Blumenladen in Garding anrief, um sicher zu stellen, einen Strauß Mamisen …, äh … Mamosen kaufen zu können. Sie weiß das, weil die Blumenverkäuferin ihre Freundin ist.“

„Aha“, murmelte Traudich mit vollem Mund, „Mamosen, und die weiß das.“

„Ja, und Nele weiß noch mehr. Ihre Freundin hat auch erzählt, wo sie diese ... äh ... Blumen wieder gesehen hat.“

„Mimosen“, unterbrach ihn Traudich süffisant. Diesen kleinen Triumph wollte er sich nach Allem jetzt doch nicht entgehen lassen.

Jens Pechs Selbstsicherheit war wie weggeblasen. Er schien sich ungern verbessern zu lassen. „Naja“, meinte er, „ich kann ja auch nur erzählen, was mir erzählt wird.“

„Aber natürlich." Traudich nickte fast verständnisvoll, ließ sich seinen kleinen Sieg nicht anmerken.

„Und hat Nele Ihnen auch erzählt, wo sie die Blumen gesehen hatte?"

„Klar!"

„Und?"

Jens Pech begann sich wieder aufzublasen, genoss jedes einzelne Wort: „Erinnern Sie sich noch an den Verkehrsunfall, als das kleine Mädchen überfahren wurde?"

„Sie meinen Beeke?"

„Ich weiß nicht, wie sie hieß. Aber irgendwo dort hat die Blumenverkäuferin die Blumen ..."

Der Klingelton von Traudichs Handy fiel in Jens Pechs Satz. Traudich hörte angespannt zu, wischte sich immer wieder über den Mund, nickte und beendete mit einem leisen „alles klar" das Gespräch.

„Is was?", fragte der Kellner in Traudichs plötzliches Verstummen.

„Ja. Bringen Sie mir bitte einen doppelten Magenbitter. Und sich auch, wenn Sie mögen. Ab jetzt wird ein Mörder gesucht."

Traudich hatte mit Jens Pech noch den Magenbitter getrunken und war kurz darauf aufgebrochen. Der Schock über den Tod Arno Winklers hatte den sonst so forschen Mann auf den Boden zurückgeholt. Und als er beim Abschied noch sagte „Au Mann, Ihren Job möchte ich nicht machen müssen", war er Traudich fast sympathisch geworden.

Obwohl es bereits dunkel war, wollte er zu dem Ort, an dem die Blumenverkäuferin die Blumen gesehen hatte. Er stoppte den Wagen an der Unglückslandstraße und schaltete den Warnblinkschalter ein. Hier müsste es ungefähr gewesen sein. Als er sich streckte, um an die Taschenlampe im Handschuhfach zu kommen, spürte er ein Ziehen unter den hinteren

Rippenbögen. Er richtete sich auf und legte beide Hände ins Kreuz. Nicht auch das noch, dachte er genervt. Wenn Christa jetzt neben ihm säße, wüsste er ihren Kommentar. Sie würde auf das Zusammenspiel von Körper und Psyche hinweisen, dass ihm offensichtlich etwas „an die Nieren gehe", er über den Sinn der Redensweise einmal nachdenken solle. Aber das wollte er jetzt genauso wenig wie damals.

Beim Aussteigen schob er den Schalter der Taschenlampe nach oben. „Scheiße!", fluchte er laut. Die Batterien waren leer. Er hatte die Taschenlampe lange nicht mehr gebraucht, dafür gab es ja nun das Handy. Aber wenn man dazu noch so dösig war und mit fast leerem Akku das Haus verließ, dann ging einem das Licht eben komplett aus. Hauptsache im Kopf brennt's noch, dachte er missmutig. Mit vorsichtigen Schritten ging er am Straßenrand entlang, nicht, dass er abkam und auf der weichen Erde auch noch umknickte. Passen würde es ja.

Ein Auto fuhr vorbei und leuchtete für einen Moment das Areal vor ihm aus. Etwas Weißes wurde kurz sichtbar. Er tastete sich ins Unterholz, bis er vor einem kleinen weißen Kreuz stand. Warum war er nicht eher auf den Gedanken gekommen, die eigenen Scheinwerfer zu nutzen? Er ging zum Auto, schaltete das Vorderlicht ein und ging wieder zurück. Jetzt sah er die ins Holz gebrannten Buchstaben und las „Unsere Beeke". Er ging in die Knie, um das in Folie eingeschlagene Foto zu betrachten. Ja, genauso hatte er die kleine Beeke noch in Erinnerung. Mit ihrem breiten Lachen, das die untere Hälfte ihres Gesichtchens auszumachen schien und jeden Erwachsenen mitriss. Vor ein paar Jahren war sie hier auf der Straße von einem Auto erfasst und in den Tod gerissen worden. Sie wurde erst am nächsten Morgen, nach einer großen Suchaktion der Dorfbewohner, im Straßengraben gefunden. Der Fahrer war bis heute flüchtig. Selbst wenn Traudich damals seiner Pflicht nachgekommen wäre und den Rettungswagen gerufen hätte, – es hätte nichts geändert.

Die anschließende Obduktion hatte ergeben, dass sich der Unfall am späten Nachmittag des Vortags ereignet hatte, Beeke auf der Stelle an einem Genickbruch gestorben war. Alle hatten versucht, in ihrem schnellen Tod so etwas wie Trost zu finden, nur ihre Mutter nicht. Sie wollte das bis heute nicht wahrhaben, quälte sich immer wieder mit der Vorstellung, dass man ihre Tochter die ganze Nacht über wie einen wertlos gewordenen Gegenstand am Straßenrand liegengelassen hatte.

Bis heute traute sich niemand, in ihrer Gegenwart das Wort „Tod" in den Mund zu nehmen. Man umschrieb das Schreckliche, sprach nur noch vom „späten Nachmittag".

Traudich ging um das Kreuz herum. Hier lagen keine Mimosen. Stattdessen blickte er auf eine Grabvase vollerVergissmeinnicht. War er dem typischen Dorftratsch aufgesessen?

Er musste nach Hause. Die Nierenschmerzen zogen jetzt bis in den Unterbauch. Er brauchte Wärme und seine Hausmedizin. Er würde sich ein Gläschen Magenbitter verschreiben und so fest an eine beruhigende Wirkung glauben, bis die Nieren gar nicht mehr anders konnten, als ihren Widerstand aufzugeben. Und wenn er zwei Gläschen dafür brauchte, sollte es ihm auch recht sein.

Sönke war von der Kneipe aus direkt nach Hause gegangen. Der Alkohol war wie ein Sturm über ihn hinweggefahren und hatte ihn mitgerissen. Er wollte nicht ins Haus zu Elke, saß nun in seinem Auto, das ihm in der Garage Schutz bot.

„Was für eine Scheiß-Idee!", schimpfte er laut. Je mehr ihm das Bier unter all den Gästen bei Anton zu Kopf gestiegen war, desto verlassener hatte er sich gefühlt. Und jetzt kamen auch noch die Bilder des gestrigen Tages immer näher, wie er in seinem Versteck gesessen und gewartet hatte. Den Blick auf die Landstraße geheftet, bis der Mann mit den gelben Blumen kam. Beekes Todesfahrer.

Sönke legte den Kopf auf das Lenkrad. War er erleichtert gewesen, endlich den Menschen zu treffen, der immer an Beekes Todestag die gelben Blumen vor das Kreuz legte? Jedes Jahr hatte er die fremden Blumen weggenommen. War von Mal zu Mal über diese Einmischung wütender geworden, bis ihm klar wurde, was hier passierte.

Mit jedem Meter, den der Mann näher gekommen war, war seine Wut gewachsen. Was hatte dieser Kerl hier zu suchen gehabt!? Die Vogelwelt lebte am Wasser und den Koogen und nicht an einer kleinen Landstraße. Das war es doch, was die Touristen hier suchten: Stille, Natur, gesunde Luft, Kraft tanken. – Und wo war seine Kraft geblieben? Ob sich dieser Mann das einmal gefragt hatte!?

Und dann hatten sie sich schweigend gegenüber gestanden. Wohl wissend, wer der andere war.

Der Fremde hatte seinem Blick nicht lange standhalten können und auf seine Schuhe gesehen. Er schien sich zu schämen, scharrte mit seinem Fuß über den Boden, um irgendetwas zu tun. Sönke hatte dieses feige Schweigen nicht ausgehalten, war einen Schritt auf ihn zugegangen, hatte ihm mit aller Kraft auf den Fuß getreten, um dieses sinnlose Tun zu stoppen. Doch dem elenden Schisser stand nur der Schmerz im Gesicht, sein Mund war weiterhin wie zugewachsen. Warum dieses Schweigen, hatte er sich gefragt. Vielleicht, weil es nichts mehr zu sagen gab? Weil sowieso alles vorbei war?

Sönke hörte wieder das Rauschen in seinen Ohren, wie gestern, bevor die Wutwelle über ihn zusammenbrach und er die Kontrolle verloren hatte.

„So einfach ist das!? Eben mal Blumen ablegen?“, hatte er geschrien.

Und plötzlich war alles ganz einfach gewesen. Er hatte dem Mann die Mimosen aus der Hand gerissen, sie wütend auf den Boden geschleudert, den Stein, der neben Beekes Kreuz lag, aufgehoben und einfach zugeschlagen. Und obwohl er Schuld auf sich geladen hatte, hatte er gleich danach eine tiefe, ruhige Genugtuung empfunden.

Aber jetzt fühlte er, dass dieses Gefühl immer mehr bröckelte.

Endlich zuhause. Traudich ließ seine Schuhe im Flur so liegen, wie er sie ausgezogen hatte. Er wollte nur noch schnell alle Vorkehrungen für den Feierabend treffen, um dann in seinem Lieblingssessel, dessen schadhafte Stellen von einem weichen Schaffell bedeckt waren, ruhen zu können. Der Kühlschrank begrüßte ihn mit seinem vertrauten Brummen, das Pendel der alten Küchenuhr rief mit jedem Schwung „tritt ein" und die Fußbank vor dem Sessel bot ihm stillschweigend ihren Rücken für seine müden Füße an. Wie verlässlich ihr alle seid, dachte Traudich, als er sich mit einer um den Körper gewickelten Wolldecke in den Sessel setzte und sich die Wärmflasche ins Kreuz rückte. Den kühlen Magenbitter hatte er neben sich auf einen Stuhl gestellt, so dass er ihn ohne große Anstrengung greifen konnte. So ein Schiet! Er hatte die Scheibe Kümmelbrot neben dem Brotkasten vergessen, das die fehlenden Salzstangen ersetzen sollte. Aber er wollte nicht noch einmal aufstehen.

Das Küchenfenster war von der Dunkelheit geschwärzt. Er begrüßte sein Spiegelbild, prostete sich zu und lauschte dem Ticken der Küchenuhr. Nun war er doch nicht schwimmen gegangen, dachte er. Er hatte seinen Vorsatz schlicht vergessen. Traudich wurde müde, lehnte den Kopf gegen die hohe Rückenlehne, legte die Unterarme auf die Sessellehnen, spürte, wie er sich langsam entspannte.

Ein plötzlicher Schlag gegen das Fenster beendete jäh seine Ruhe und ließ ihn kerzengerade im Sessel sitzen. Nach einem verirrten Vogel hatte sich der Aufprall nicht angehört.

„Hallo?", rief Traudich laut. Er sprang aus dem Sessel, zerrte die Wolldecke von seinem Leib und riss das Fenster auf.

Nichts. Er lief zur Haustür, stolperte über seine Schuhe im Flur, schaffte es gerade noch, sich am Flurschränkchen abzustützen, um nicht zu stürzen. Hastig entriegelte er seine Haustür, lief auf Socken um das Haus herum. Zu spät. Er sah nur noch die Umrisse eines Radfahrers, der kraftvoll in die Pedalen trat. Er musste die Verfolgung gar nicht erst aufnehmen, dieser Weg war für sein Auto zu schmal. Und das Fahrrad stand seit Wochen mit einem Platten bei Anton in der Garage.

Traudich ging weiter zum Küchenfenster, um den Gegenstand zu suchen, der gegen seine Scheibe geschleudert worden war. Der Schein der Küchenlampe war jedoch zu schwach, um den Boden auszuleuchten. Er tastete ihn mit der Hand ab und hielt einen kleinen Strauß ramponierter Mimosen in der Hand. Das konnte kein Zufall sein. Aber warum wurden sie gegen sein Fenster geworfen? Und von wem?

Traudich hatte eine zermürbende Nacht hinter sich. Als er in der frühen Morgenstunde glaubte, endlich schlafen zu können, summte der Wecker. Er hatte immer wieder von Christa geträumt, deren Kleid aus leuchtend gelben Mimosenblüten bestand. Ihre Arme bildeten lange Blattstiele mit feinen Verzweigungen und zarten Blättern. Immer, wenn er Christa an sich ziehen wollte, wich sie zurück, rollte sie ihre Blätter schützend ein. Er wusste, dass er sie nicht berühren durfte, weil ihre Blätter auf jede Berührung reagierten und sie selbst dadurch schwächer und schwächer wurde. Dennoch hatte er es immer wieder versucht, weil er ihre Nähe spüren wollte.

Jetzt stand Traudich unter dem lauwarmen Duschstrahl und starrte die Kacheln an. War das der Grund für Christas Gehen gewesen? Dass er sie mit seiner Art zu lieben immer mehr geschwächt hatte, bis sie sich selbst nicht mehr spüren konnte?

Während des Kämmens sahen ihn seine grauen, matten Augen im Spiegel an. Wie undurchdringlich sie geworden waren. Er hielt inne, fröstelte. Hatte er in den Augen des Opfers nicht genau das gesehen? Augen wie verschlossene Türen, die die Leere dahinter wegsperrten? Und hatte er mit dem Kellner deswegen ein Problem, weil der den Toten gerne als etwas verschroben darstellte?

Der Tag hatte nicht einmal begonnen, und er fühlte sich schon jetzt erschöpft. – Wie lange dauerte es noch, bis Christas Gehen nicht mehr so schmerzen würde?

Vor seiner kleinen Kate, auf dem Weg zum Auto, empfand Traudich die sonst so geliebte Stille als quälend. Desto dankbarer war er der kleinen Gänseschar, die wie lose aneinandergereihte schwarze Perlen über ihn hinwegflog. Dankbar, dass sie ihm zeigte, nicht ganz allein zu sein.

Im Auto stellte er die Sitzheizung ein. Er wollte seine Nieren lieber noch etwas umsorgen, damit sie friedlich blieben. Nach wenigen Kilometern spürte er die Wärme in der Kreuzgegend, die immer weiter in seinen Körper ausstrahlte und sich besänftigend um seine Seele schmiegte. Er sprach sich gut zu, dass niemand vor kleinen Stimmungstiefs gefeit sei, niemand sich nicht auch mal allein fühle und mit ihm alles in Ordnung sei. Er schaltete das Radio ein, Lou Reed sang mit seiner sonoren Stimme „... such a perfect day ...“, während draußen die jungen Lämmer wegen der frühen Störung ihr Fressen unterbrachen und neugierig aufhorchten. „... I'm glad I spent it with you.“ Naja, dachte Traudich schmunzelnd, vielleicht ist der Text ein wenig zu dick aufgetragen, aber er würde heute sein Bestes geben.

Es ging ihm schon viel besser als nach dem Aufstehen.

Sönke hatte die Nacht kaum geschlafen. Immer wieder fragte er sich, was er sich dabei gedacht hatte, die Mimosen gegen das Fenster des Kommissars zu werfen. Es mussten Elkes Worte „du riechst nach Bier“ gewesen sein.

„Dass dir das auffällt“, hatte er nur müde geantwortet, als er aus dem Auto gestiegen und ins Haus gegangen war.

„Fängst du jetzt auch noch an zu trinken?“

Der Ekel in Elkes Blick hatte auf seinen Wangen gebrannt. So hatte sie ihn noch nie angesehen.

In den frühen Morgenstunden war ihm klar geworden, dass allein Elkes Blick ihn dazu getrieben hatte. Wie ein hilfloses Kind hatte er versucht, alle Verantwortung abzugeben. Wollte sich in die Hände eines Beschützers begeben, der alle weiteren Entscheidungen für ihn treffen würde.

Traudich parkte seinen Wagen auf der Höhe von Beekes Kreuz. Blasse Sonnenstrahlen durchstachen die Wolken. Als wollten sie die gestrige Dunkelheit wieder gut machen, fielen sie jetzt direkt auf den Trauerort. Traudich ging langsam auf das Kreuz zu. Die Feuchte des Morgentaus färbte das helle Braun seiner Schuhe in ein sattes Ocker. Er sog den kräftigen Erdgeruch durch die Nase, der am frühen Morgen immer besonders intensiv war. Vielleicht ruhte ja auch die Erde während der Nachtstunden und bedankte sich für ihren ruhigen Schlaf mit diesem würzigen Duft?

Ein Stock knackte unter seinem Fuß und verschreckte einen Feldhasen, der mit großen Sprüngen davonlief, wobei der wiederum ein Rebhuhn aufscheuchte, das eilig das Weite suchte. – Was hier schon alles los war!

Traudich blickte auf das Kreuz. Gestern Abend war ihm dieser Ort so erschreckend verloren erschienen, aber jetzt empfand er das genaue Gegenteil. Beeke konnte keinen besseren Platz als den hier inmitten der lebendigen Natur haben. Sönke hatte gut entschieden. Auch wenn Elke nie hierher kam, weil sie die direkte Nähe zum Unfallort nicht aushielt. Sie hatte das

Grab auf dem Friedhof zu ihrem Trauerort gemacht. Ein öffentlicher Fingerzeig, wie sehr Beekes Tod Sönke und Elke auseinandergerissen hatte.

Vor dem Kreuz lagen vereinzelt kleine Mimosenblüten. Hier musste der Strauß gelegen haben, der ihm gestern Abend gegen das Fenster geschleudert worden war. Traudich kniete sich ins feuchte Gras, um ein Foto von dem Fundort zu machen. Auch wenn das später die Spurensicherung für weitere Ermittlungen erledigte, hielt Traudich immer gerne seine eigenen Eindrücke vom Tatort fest. Er hatte zwar großen Respekt vor der Arbeit seiner Kollegen, aber insgeheim dachte er, dass niemand besser als er die Fälle klären konnte. Schließlich kannte er „sein“ Land mit „seinen“ Leuten. Er war hier mit ihnen groß geworden und wenn sie es auch nicht laut herausposaunten – damit hatte man es hier nicht so – wusste er doch, dass sie ihm vertrauten.

„Pass doch auf“, ermahnte er sich laut. Er musste achtgeben, wo er hintrat, um der Spurensicherung die Arbeit nicht zu erschweren. Er sah auf die Uhr. Viertel nach Sieben. Seine Kollegen würden sich bestimmt nicht freuen, am Sonntagmorgen um diese Zeit aus dem Bett herausgeklingelt zu werden. Doch während er zum Auto ging, um das Absperrband zu holen, stürzte das Drama mit großer Wucht auf ihn ein. Er hatte das längst vergessen geglaubte Bild von der toten Beeke im Straßengraben vor Augen. Als hätte sie jemand weggeworfen, weil sie ihre Schuldigkeit erfüllt hatte. Wie Christa ihn weggeworfen hatte, weil sie nichts weiter mit ihm anzufangen wusste. Nur dass er noch irgendwie lebte.

Dumm Tüch! Traudich schüttelte energisch den Kopf. Wie kam er dazu, das miteinander zu vergleichen? Wenn Anton das jetzt mitbekäme, würde er ihm bestimmt raten, sich noch einmal mit Christa zu unterhalten, damit sein Kopf und Herz endlich wieder unbeschwert sein konnten.

Traudich riss die Kofferraumklappe auf, nahm das Absperrband heraus und stapfte zurück. Das Hosenbein klebte an seiner Haut. Die Nachtfeuchte war wohl in den Stoff eingedrungen und hatte am Knie einen dunklen Fleck hinterlassen. Er schlug den Schmutz ab und säuberte mit einem Papiertaschentuch seine feuchten Handinnenflächen. Warum nahm das Papier eine leichte rot-bräunliche Färbung an? Traudich befühlte noch einmal den Fleck am Knie, ging zum kleinen Mooskissen, auf das er sich während des Fotografierens gekniet hatte und sah seine Vermutung bestätigt. Seine Hose trug das Blut von Arno Winkler.

Gedankenversunken sperrte Traudich das Areal um das Kreuz herum ab. Sollte er die Spurensicherung jetzt gleich anrufen? Oder sollte er erst mit Elke und Sönke sprechen?

Traudich sah auf die Uhr. Er wollte hier im Auto warten. Sönke und Elke sollten noch einmal gemeinsam zum Gottesdienst gehen können. Das war, wie Anton ihm einmal erzählte, die einzige Gemeinsamkeit, die ihnen nach dem „späten Nachmittag" geblieben war. Vor seinem inneren Auge sah er Sönke zwischen Antons Geburtstagsgästen stehen, wie der versucht hatte, seiner häuslichen Enge – wenn auch nur kurz – zu entkommen. Er sah sein Scheitern, den Arm, der hastig über die Augen fuhr, um die Tränen nicht zu zeigen. Auch wenn Sönkes Versuch misslungen war, er hatte es wenigstens versucht. Und was hatte er bisher versucht? Nichts. Außer seiner vielen Gedanken, die Christa ganz bestimmt nicht zurückholten. – Ginge das überhaupt noch nach all den Monaten der Trennung mit ihr? Sollte er nicht besser damit beginnen, wieder mit sich selbst zufrieden zu sein?

Entferntes Glockengeläut ließ Traudich aufschrecken. Die-Sonnenstrahlen, die durch die Vorderscheibe so angenehm warm auf sein Gesicht gefallen waren, hatten ihn schläfrig gemacht. Er holte tief Luft, schlug sich mit seinen breiten Handtellern auf die Wangen, startete den Motor und fuhr mit einem leisen „denn man tau" los. Als könnten ihm die Worte für die bevorstehenden Gespräche ein wenig Halt geben.

Sönke und Elke verließen die Kirche. Wie immer hatte sie sich bei ihm eingehakt. Warum sie das immer noch machte, war Sönke ein Rätsel. Einmal hatte er sich getraut, sie danach zu fragen.

„Du fragst, warum ich mich bei dir einhake?" Elke war stehen geblieben und hatte ihn entgeistert angesehen.

„Ja. Warum?"

„Wir sind verheiratet."

„Ich weiß. Trotzdem, Elke. Alles hat zwischen uns aufgehört, nur das nicht."

„Ja möchtest du das denn?"

„Nein! So habe ich das nicht gemeint."

„Dann ist es ja gut."

Jedes Reden mit Elke, es führte zu nichts. Und trotzdem genoss er jeden Sonntag diesen kleinen Moment Nähe.

Traudich traf Sönke im Garten an. Er saß mit einem Kaffeebecher in der Hand in einem verwitterten Korbstuhl und starrte ins Leere.

„Darf ich?"

Sönke zuckte zusammen, nickte, holte Luft, um etwas zu sagen, entschied sich anders. Stattdessen hielt er seinen Kaffeebecher hoch. „Magst du auch einen? Er ist frisch aufgebrüht."

Traudich schüttelte den Kopf. „Wo ist Elke?"

„Auf dem Friedhof. Wie immer nach dem Gottesdienst." Traudich sah mit Sönke zusammen auf Beekes verlassen wirkendes Spielhaus, dessen Dach mit den Jahren Moos angesetzt hatte. Die kleine Tür stand offen und gab den Blick auf einen alten, umgestülpten Karton frei, auf dessen Mitte ein Wasserglas mit frisch geschnittenen Vergissmeinnicht stand. Er zeigte zum Haus.

„Wie damals. Mit Beekes Lieblingsblumen."

Sönke nickte.

„Elke?"

Sönke nickte wieder.

Traudich sah erneut ins Innere des Spielhauses. Auf den Karton hatte Elke einen Puppenteller mit Tasse gestellt. Beekes Puppe, mit einer Geburtstagskrone auf dem Kopf, saß auf einem Puppenstuhl davor. Es wirkte so, als ob Beeke nur einmal schnell ins Haus gelaufen war, um Kekse für die Geburtstagsfeier zu holen.

Traudich grauste es. Hier sah alles wie an dem Tag aus, als er Elke und Sönke die Todesnachricht überbracht hatte. Er konnte sich gut an den schweren Moment erinnern. An die plötzliche Starre in ihren Augen, wie sie sich erschrocken einander zuwandten und den anderen trotzdem nicht sahen.

„Wenn der Strauß verwelkt ist, pflückt sie einen neuen. Das macht sie jetzt solange, wie die Vergissmeinnicht blühen."

Traudich sah auf Beekes Vergissmeinnichtgarten. Aus Stöcken hatte die Kleine einen Zaun um das Beet gebaut, der inzwischen an vielen Stellen überwuchert war. Weiter hinten, zur Hecke hin, entdeckte er eine etwas größere Stelle frisch aussehenden Pflanzenschnitts.

„Elke hört einfach nicht damit auf."

„Macht sie das denn auch bei euch im Haus?"

„Nein." Sönke schüttelte vehement seinen Kopf. „Nein, nicht im Haus. Nur hier. – Zum Glück."

Es war offensichtlich, dass viel mehr Vergissmeinnicht abgeschnitten worden waren als hier im Wasserglas standen. Und wo der Rest stand, war Traudich auch klar: vor Beekes Kreuz.

Sollte er es Sönke direkt auf den Kopf zusagen?

„Am liebsten würde ich auch noch die Vergissmeinnicht aus dem Garten reißen. Aber ob das richtig ist“, Sönkes Stimme wurde immer leiser, „weiß ich nicht. Es waren doch Beekes Lieblingsblumen.“

„Warum sagst du ‚auch noch‘?“

Sönke starrte auf den Kaffeebecher, wippte mit seinem Oberkörper leicht vor und zurück und warf Traudich kurz einen unsicheren Blick zu.

„Glaubst du wirklich, dass alles gut wird, indem du die Blumen rausreißt?“

Sönke umfasste den Kaffeebecher immer fester: „Was soll ich denn sonst machen? Vielleicht hilft es ja. Rausreißen und weg damit!“

Sönke sprang auf und schleuderte den Becher durch den Garten. Er konnte seine Erregung nicht länger beherrschen: „Ich will endlich nicht mehr immer und immer wieder daran erinnert werden!“ Er griff in die Vergissmeinnicht, zog ein großes Büschel heraus, zerrupfte es. „Zupacken. Rausreißen. Weg.“ Mit jeder Bewegung wiederholte er eines der Wörter.

„Zuschlagen auch?“

Sönke verharrte und starrte auf den Boden zu den zerpflückten Vergissmeinnicht. „Ja“, erwiderte er leise, bückte sich nach den Blumen, um Traudichs Blick auszuweichen. „Ich wollte ..., ich war ..., ich war gestern Abend bei dir.“

„Und warum hast du nicht geklingelt? Ich habe dich nicht gehört.“

„Weil ich schnell wieder nach Hause musste. Zu Elke.“

„Hatte sie dich angerufen?“

„Nein, das nicht.“

„Und warum kommst du, wenn du gleich wieder gehst?“

„Weil ich ...“ Sönkes Bewegungen wurden immer fahriger.

Traudich bückte sich, um Sönke zu helfen. Das gemeinsame Aufsammeln gab Traudich Zeit, sich im Stillen vorzuwerfen, wie eine Katze um den heißen Brei herumzuschleichen. Warum machte er das? Wollte er Sönke schützen? Traudich schüttelte den Gedanken ab. Er kannte dieses Zögern, denn er stand kurz vor dem Moment, den er an seinem Beruf nicht mochte: Im Inneren des Tatverdächtigen herumzustöbern, als sei er ein kleiner, neugieriger Junge auf fremdem Dachboden. – Aber das allein hielt ihn nicht ab. Er wusste das. Wusste es auch wieder nicht. Wollte es gar nicht wissen.

„Danke", sagte Sönke, nachdem alles Grün wieder aufgehoben war. „Wenn Elke das gesehen hätte, weiß ich nicht, was passiert wäre."

Immer ging es Sönke um Elke. Wusste Sönke überhaupt noch, wer er war, fragte sich Traudich. Wie naiv er gestern bei Anton geglaubt hatte, dass Sönke inzwischen besser mit der Trauer um seine kleine Beeke umgehen könne! Wo war sein sicheres Gespür für sein Gegenüber geblieben?

Traudich zog ein frisch gebügeltes Taschentuch aus seiner Hosentasche und wischte seine Hände sauber. Ging es ihm nicht auch immer nur um Christa? Wusste er denn noch, wer er war?

•

Sönke sah Elke in den Garten kommen. Sie wirkte erschöpft auf ihn, abwesend, ging mit einem knappen „Moin" an ihnen vorbei und verschwand in Beekes Blätterhöhle, einem riesigen Rhododendronstrauch, in dem eine kleine Bank stand.

„Elke?"

Statt ihrem Mann zu antworten kam Elke aus der Höhle heraus und ging durch die Terrassentür ins Haus.

„Ich muss mich um sie kümmern. Kann ich?"

Sönke fixierte Traudich einen kurzen Moment. Wenn der ihn jetzt gehen ließe, fragte er sich, könnte er dann für immer bleiben? Doch er fand in Traudichs Gesichtszügen keine Antwort. Er schloss die Augen, atmete tief aus. Ja, er würde jetzt nichts sagen und Traudich über sich entscheiden lassen. Dann trug er auch nicht mehr allein die Verantwortung für Elke.

Sönke hob seinen Kopf und sah Traudich direkt in die Augen. So lange, bis Traudich ihn mit einer knappen Kopfbewegung aufforderte, sich um Elke zu kümmern. Schon während Sönke ins Haus lief, fragte er sich, ob er dem Kommissar jemals wieder in die Augen sehen konnte.

Traudich stand allein im Garten. Die ganze Dimension des „späten Nachmittags" lag vor ihm ausgebreitet. Es waren damals durch den Unfall nicht ein Mensch, es waren Vier gestorben. Das Kind, der Vater, die Mutter, der Todesfahrer. Wobei der Todesfahrer sein Leben zweimal verloren hatte. Das erste Mal vor vier Jahren, das zweite Mal gestern. Machte Arno Winklers endgültiger Tod da noch einen Unterschied?

Traudich verwirrten seine Gedanken, aber sie waren nicht mehr aufzuhalten. Bis jetzt wusste keiner seiner Kollegen von seinem Ermittlungsstand ... Sollte er tatsächlich?

Während Traudich die Tatortmarkierung wieder entfernte, spürte er zu Sönke und Elke eine Verbundenheit, die das große Loch in seinem Inneren füllte. Wenigstens die Zwei sollten es schaffen, ihre Beziehung neu zu beleben und zu bewahren.

Traudich durchströmte eine tiefe Zufriedenheit, die auch noch den letzten Zweifel erstickte. Es ging ihm gut. Seit Christas Gehen hatte er sich nicht mehr so eins mit sich gefühlt.

Kommissar Traudich und die fremde Frau von der Brücke

Traudich hatte gehofft, beim Betrachten der Schmetterlingssammlung sein inneres Gleichgewicht zu finden und wieder auf dem Boden der Tatsachen zu landen. Doch es klappte nicht. Stattdessen überlegte er, ob er sich endlich von den zwei großen Vitrinen, die sein Vater ihm vermacht hatte, trennen sollte. Schon seit ein paar Jahren dachte er immer wieder einmal darüber nach. Die Freude über die große Sammlung – sein wichtigstes Bindeglied zum längst verstorbenen Vater – wurde durch den Anblick der vielen aufgespießten Leiber von Jahr zu Jahr mehr getrübt. Dabei liebte er diese luftleichten Wesen noch immer. Aber musste er sie auch besitzen? Fixiert durch spitze Nadeln? Reichte es nicht, sie in der Natur zu bestaunen und weiterhin mit Entomologen im Austausch zu bleiben?

All diese toten Falter, hinter Glas, fein säuberlich in Reih und Glied. Ein jeder für sich Zeugnis eines gewaltsamen Endes. Eine Szene schoss ihm durch den Kopf, aus einem älteren Krimi von Henning Mankell, in der ein auf spitze Holzpfähle aufgespießtes Opfer gefunden wurde. Entomologen und Mörder. Die einen nicht besser als die anderen?

Traudich schnaufte kurz aus über seine verqueren Gedanken. Hätte er sich gleich nach dem Nachhausekommen um seinen Berg Schmutzwäsche gekümmert, wäre er ebenfalls auf dem Boden der Tatsachen gelandet. Und hätte wenigstens etwas Sinnvolles geleistet.

Dabei müsste er eigentlich zufrieden sein. Schließlich lag ein großer Erfolg hinter ihm. Die Ermittlungen zum Mord an Anne Bening waren abgeschlossen. Die Suche nach ihrem Mörder war nach vier langen Wochen endlich beendet. Heute früh hatten sie Jimmihendrix Neumann am Tatort aufgreifen und abführen können. Ein verstörender Fall. Anne Bening war durch einen einzigen Stich ins Herz getötet worden. Ohne Spuren einer Gegenwehr. Als hätte sie sich bereitwillig dem Täter angeboten.

Traudichs allererster Eindruck – als er sich damals auf den Tatort zubewegte – war, als läge dort eine Frau, die sich für ein Rendezvous schön gemacht hatte und vor dem Gehen noch ein wenig ruhen wollte. Sie wirkte entspannt mit den übereinandergelegten Händen auf ihrem Bauch. Erst als er nah neben der Frau gestanden und auf sie hinabgeblickt hatte, sah er das Makabre. Auf ihrem Handrücken hatte ihr Mörder eine tote junge Schwalbe abgelegt.

Später, nach dem Eintreffen Hennaks, des Polizeiarztes, wurde dann das ganze Ausmaß der Tat sichtbar. Die Stichwunde war vom Täter sorgfältig mit Folie abgedeckt worden, bevor er der jungen Frau saubere Kleidung angezogen hatte. Sie trug ein frisches, weich fallendes Sommerkleid, dazu eine Perlenkette mit passenden Ohrsteckern. Eine hübsche, junge Frau. Doch etwas an ihr stimmte nicht. Im Kontrast zu dem femininen Kleid standen die weißen Baumwollsöckchen in den kindlich wirkenden Sandalen. Hennak und er hatten zunächst unabhängig voneinander mit einem diffusen Unbehagen zu kämpfen gehabt, wie sie später feststellten. Oben Frau, unten Mädchen. Ihre vollen Haare, zu lockeren Zöpfen geflochten, hatte der Täter parallel zueinander auf ihren Brustkorb drapiert. Rein und unschuldig sah sie aus. So, wie der Täter diese Frau am liebsten besessen hätte?

Traudich hörte wieder Hennaks erste Worte. „Was ist sie? Frau oder Mädchen? Was meinst du, Traudich?“

„Perlenkette und weiße Baumwollsocken?“ Traudich hatte ratlos mit der Schulter gezuckt.

„Eine Lolita?“, sinnierte Hennak unsicher.

Erst da hatten sie einige Meter abseits die eigentliche Kleidung der Frau entdeckt: ein mit Blut getränktes T-Shirt, verwaschene ausgefranste Jeans, Flip-Flops.

„Keine Lolita, Hennak. Männerphantasie. Kranke Männerphantasie.“ Traudich hatte sich abwenden und tief Luft holen müssen, um seine aufsteigende Übelkeit in den Griff zu bekommen.

Traudich trat näher an seine Schmetterlingsvitrine und betrachtete seinen Favoriten, einen prächtigen Schwalbenschwanz. Er sah sich als Junge im Gemüsegarten, wie er seinem Vater den Schwalbenschwanz zeigte, der auf einer hohen Dillpflanze saß. „Cleveres Köpfchen!“, hatte ihn sein Vater gelobt und daraufhin erklärt, dass der Schwalbenschwanz zur Familie der Ritterfalter zählte und landwirtschaftlich genutzte Flächen eher meidet. Traudich hätte mit seinen zehn Jahren lieber selbst einer Ritterfamilie angehört als der Sohn eines Dorfschullehrers zu sein. Er war während seiner Betrachtung in den Körper des Falters geschlüpft und mit ihm auf einen Ritterfeldzug geflogen. Fern seiner eher kargen Burgwiese, um in der Fremde besonders süße Nektarfelder aufzuspüren und als siegreicher Überbringer seiner Entdeckung wieder heimzufliegen. Er hatte nicht gewollt, dass sein Vater seinen Helden mit dem Kescher fangen und anschließend töten würde und war weggelaufen.

„Papilio machaon“, sagte er leise. Wie klangvoll der wissenschaftliche Name war. Er hatte nie erfahren, ob der Falter, den sein Vater Tage später aufgespießt seiner Sammlung hinzugefügt hatte, der Falter von der Dillpflanze gewesen war. Er hatte ihn auch nie danach gefragt, keinen weiteren Gedanken daran zugelassen, ganz nach dem Motto: „Was ich nicht denke, ist nicht.“

Wenn er ehrlich mit sich war, versuchte er hin und wieder immer noch diese kindlich krumme Tour; nämlich immer dann, wenn ihm alles zu viel wurde. Allerdings lösten diese Vermeidungsversuche inzwischen einen Alarm in ihm aus, den er nicht mehr überhören konnte. Die Frage war nur, wie lange er ihn aushielt.

Rächte sich der Schwalbenschwanz gerade an ihm? Stieß er ihn an, endlich genauer über die unbeantwortet gebliebene Frage nachzudenken, warum die tote Schwalbe auf den gefalteten Händen des Opfers gelegen hatte?

Traudich stand auf. Vielleicht würde ein kleiner Außer-der-Reihe-Magenbitter guttun? Er drehte der Vitrine den Rücken und sah unschlüssig durch die offenstehende Tür in den Flur hinein. Wenn du jetzt das Zimmer verlässt, ermahnte er sich, benimmst du dich wie ein erwachsener Mann und gehst nicht wieder mit abgewandtem Kopf am Telefon vorbei.

Manchmal, und heute war so ein Manchmal, wollte er nicht den heißen Klumpen im Magen spüren, der sich immer noch bildete, wenn das Lämpchen seines Anrufbeantworters nicht blinkte. Denn kein Blinken bedeutete kein Hoffen. Dann war ihm nicht einmal ein Hoffen-dürfen vergönnt, dass Christa vielleicht versucht hatte, ihn zu erreichen und er ihre Stimme gleich auf seinem Band hören konnte.

Traudich ging durch den schmalen Flur Richtung Küche und sah zu seinem Anrufbeantworter. Kein Blinken. – Wie töricht er sich benahm. Sollte er sich nicht endlich einmal seinem Dilemma stellen?

In der Küche setzte er sich mit einem wunderbar gekühlten Magenbitter in den alten Ohrensessel seines Vaters und starrte zum Fenster hinaus. Erste Windböen fegten über sein niedriges Reetdach. Kleine Moospolster flogen durch die Luft. Der

Wind hatte leichtes Spiel mit ihnen. Die lange Trockenheit hatte ihr frisches Grün in ein fahles Gelb verwandelt und sie zu Leichtgewichten gemacht. Die Wurzeln waren zu trocken, um sich weiter am Reet gegen die plötzliche Windgewalt halten zu können. Der vorhergesagte Wetterumschwung kam an. Hoffentlich erreichte der ersehnte Regen auch die Küste.

Er nahm den ersten Schluck, schloss die Augen. Von ihm aus konnte der Wind auch gerne die Gedanken an Christa wegpusten. Ein Jahr war vergangen, seit er wieder allein lebte. Und immer dann, wenn die Gedanken an die Trennung etwas verblassten, geschah etwas, das alles wieder hervorzerrte.

Heute war es auf dem Weg nach Hause passiert. Auf der Sielbrücke hatte eine fremde Frau gestanden. Ihre rote Reisetasche fiel ihm schon von weitem ins Auge. Sie trug den gleichen asymmetrischen Haarschnitt wie Christa. Ihn hatte dieser Schnitt, der sie in seinen Augen zweiteilte, immer etwas irritiert. Manchmal hatte er sie damit geneckt, indem er sie fragte, ob jetzt die rechte oder die linke Christa zu ihm spräche. Wobei ihm die Linke besser als die Rechte gefiel. Sie war warm, großzügig und lebenslustig, während sich die Rechte durch eine Ehrlichkeit auszeichnete, die ihn manches Mal anstrengte. Am schönsten waren die Momente, wenn beide Teile miteinander verschmolzen. Dann hatte er spüren können, wie wichtig ihr die Beziehung war, wie sehr er geliebt wurde.

Manchmal hatte er es nicht lassen können und halb spielerisch mit seiner Hand eine Gesichtshälfte abgedeckt, woraufhin sie nur keck lachte und meinte: „Tja, Ernst-August, so bin ich nun einmal. Ich trage meine zwei Seelen nicht verschlossen in mir, sondern zeige sie offen. Kannst dich also immer mit der Passenden zusammentun."

Aber Traudich wollte sich nicht mit einem Teil von ihr zusammentun. Er wollte sie als Ganzes. – Ob er zu viel von ihr erwartet hatte?

Der Magenbitter stieg ihm zu Kopf, während er immer tiefer in seine trübe Stimmung hinab sackte. Er sollte es doch besser wissen. Trinken und Denken an Christa passten nicht zusammen. Er sollte schnell etwas essen. Vielleich würden ihm ja zwei Spiegeleier auf einer Scheibe Schwarzbrot die gewünschte Bodenhaftung wieder zurückgeben.

Er öffnete die Kühlschranktür. Sah hinein. Es lag nur ein Ei im Fach ...

„Was für ein Feierabend!", schimpfte er.

Traudich riss sich zusammen und machte seinem Namen alle Ehre, indem er gleich zwei Entscheidungen auf einmal traf. Er schüttete den Rest des Magenbitters in die Spüle und griff zu seiner Fleece Jacke. Er brauchte dringend frischen Wind um den Kopf.

Hugo Mercier schob das gestohlene Fahrrad durch hohes Gras. Er war angespannt, sein Mund trocken, das Schlucken bereitete ihm Schwierigkeiten. Er biss sich immer wieder auf die Zungenspitze, woraufhin sich Speichel in seiner Mundhöhle bildete. Er sammelte ihn und genoss die kurze Feuchte im Mund. Das anschließende Schlucken besänftigte seinen gereizten Rachen.

Vor der verlassenen Scheune blieb er stehen. Der Wind und die Salzluft hatten an vielen Stellen die grüne Farbe von ihren morsch gewordenen Brettern geleckt. An einer Seite baumelte die hölzerne Regenrinne nur noch an wenigen Nägeln. Sie hatte den Widerstand aufgegeben, stemmte sich nicht weiter gegen die starken Sturmböen, ließ sich herumschubsen. Mit mir dürfte der Wind so etwas nicht machen, dachte er.

Er ging um die Scheune herum. Magnifique! In einem Nest waren noch junge Schwalben. Bald schon konnte er die Vergangenheit hinter sich lassen. In eine Zukunft starten, die Florence hieß. Sein Plan war gut. Halbe Sachen machte er nicht.

Hugo grinste. Ob der Rat seiner Therapeutin allerdings so gemeint war, wie er ihn gleich umsetzen würde, bezweifelte er.

Traudich hatte richtig entschieden. Der frische Wind um den Kopf tat gut. Er war noch nicht weit gekommen, blieb immer wieder stehen. Gehen und Denken passten heute nicht zusammen. Wie sollte es auch funktionieren, fragte er sich, wenn sich sein Kopf mit rückwärtsgewandten Überlegungen beschäftigte, während seine Füße vorwärts drängten.

Doch seine Langsamkeit belohnte ihn. Ihm war klar geworden, warum dieser Fall immer weiter in ihm arbeitete. Bis jetzt war er noch nicht in dieses tiefe Loch gefallen, das nach jedem Ermittlungserfolg auf ihn wartete und in die Kneipe trieb. Zu Anton, seinem besten Freund, der ihn dann nur anzusehen brauchte, um durch die Öffnung der Küchendurchreiche die trostspendenden Worte: „Einmal Ernst-August!" zu rufen. Sein Code für „Einmal Heringe mit Bratkartoffeln".

Traudich war froh, Anton zu haben. Während in der Küche für ihn der Himmel auf den Teller gezaubert wurde, saß Anton bei ihm und folgte seinen schweren philosophischen Gedanken, dass jeder einzelne Ermittlungserfolg das riesengroße Versagen der Gesellschaft implizierte.

Wenn Anton dann nicht einschritt und ihn stoppte, bezichtigte sich Traudich als Schmarotzer, dessen Existenz nur durch dieses Versagen gesichert war, während die Existenzen der anderen durch ihre Taten oftmals in die Brüche gingen.

Und stoppte Anton ihn dann immer noch nicht, fragte sich Traudich ernsthaft, ob er sich schämen müsse.

Traudich kam zur Brücke, die über den Siel führte. Ein Stockenten-Paar schwamm einmütig auf dem still fließenden Wasser nebeneinander her. Der Erpel hatte den Kampf um das

Weibchen gewonnen und konnte wenigstens für ein Jahr in aller Ruhe Zweisamkeit genießen.

Jimmihendrix hatte diese Ruhe noch nie finden können, dachte Traudich. Alle im Dorf wussten, dass er sich in Anne verguckt hatte, weil sie die einzige junge Frau gewesen war, die ihm immer respektvoll begegnet war. Hinter vorgehaltener Hand hatte man sich über ihn lustig gemacht, weil er „seiner" Anne immer wieder Blumen vor die Tür gelegt hatte. Und dann war er nach ihrem Tod plötzlich wie vom Erdboden verschluckt gewesen. Seinen Eltern war das egal, sie hatten genug mit sich zu tun. Von ihnen waren keine Hinweise zu erwarten.

Doch dann war Jimmihendrix plötzlich wieder da. Genau dort, wo man Anne Bening gefunden hatte. Als man ihn fand, hatte er weinend auf dem Bauch gelegen, sein Gesicht ins Gras gedrückt. „Ich kann sie nicht mehr riechen", hatte er dabei geschluchzt.

War es möglich, dass Jimmihendrix sich nicht versteckt hatte, sondern einfach nur maßlos verstört gewesen war? Wo nahm ausgerechnet er, Ernst-August Traudich, das Wissen her, wie Jimmihendrix mit dem Verlust umging? Er, der bis heute nicht wusste, wie er mit seinem Verlust umgehen sollte.

Traudich dachte an die fremde Frau, die er vorhin hier getroffen hatte. Er sah ihre Hand, die zunächst ein zusammengeknülltes Papier fest umschlossen hielt, es ins Wasser warf und zusah, wie es sich tanzend auf der Wasseroberfläche langsam immer weiter entfernte. Was hatte das zu bedeuten? Wollte sie kommen oder gehen? Aber warf man, wenn man kommen wollte, einen Zettel weg? Passte das nicht eher zum Gehen?

Christa hatte ihm einen Zettel hingelegt, als sie ging. Wobei sie das Stück Papier bestimmt als Brief bezeichnet hätte. Tief enttäuscht hatte er die Zeilen weggeworfen. Sie erschienen ihm allzu flüchtig, hatten auf ihn gewirkt, als wäre sie schon während des Schreibens auf dem Weg zur Tür hinaus gewesen. So viel Enttäuschung wollte er nicht auch noch verwahren.

Er hätte Christa gewiss mehr von sich offenbart. Aber das brauchte Zeit. Niemand reißt seine Brust so schnell nach beiden Seiten auf und lässt den anderen in sich hineinsehen. Selbst nach zwei Jahren nicht. Und schon gar nicht in seinem Alter. Warum war sie nur so ungeduldig gewesen?

Was wohl auf dem Zettel der fremden Frau gestanden hatte? Plötzlich wollte Traudich den Inhalt wissen. Er entnahm seinem Portemonnaie einen alten Kassenbon, zerknüllte ihn, warf ihn ins Wasser und verfolgte konzentriert sein Davontreiben. Umgeknicktes Schilfgras, das ins Wasser hineinragte, stoppte ihn. Traudich ging am Ufer entlang zu der Stelle. Er hatte richtig kombiniert! Auch das Papier der fremden Frau hatte sich hier verfangen. Er fischte es aus dem Wasser, wobei ihm klar wurde, dass er auf einen Abschiedsbrief von ihrem Geliebten hoffte. Auf den Beweis, dass auch Frauen mit asymmetrisch geschnittenen Haaren vor dem Verlassen-werden nicht geschützt sind. Das würde er als ausgleichende Gerechtigkeit empfinden. –

Traudich schüttelte den Kopf. „Du benimmst dich gerade wie ein pubertierender Jugendlicher, der einem Gänseblümchen die Blütenblätter einzeln ausreißt und dabei ‚sie liebt mich, sie liebt mich nicht' murmelt." Vorsichtig faltete er das nasse Papier auseinander und las: „Une hirondelle ne fait pas l'été."

Traudich ärgerte sich. Er konnte lediglich die Buchstaben entziffern. Französisch verstand er nicht.

Hugo Mercier war zufrieden, sein Plan ging auf. Er hatte aus dem Vogelnest eine junge Schwalbe genommen und drückte nun so lange zu, bis er kein Zucken mehr spürte. Wie leicht und zart dieses warme Fliegengewicht war. Zerbrechlich wie eine junge Liebe, die sich langsam entfaltete, vorausgesetzt, man behütete sie. Wie die Vogeleltern ihre Jungen.

Hugo schluckte und schluckte. Sein Adamsapfel, der spitz unter der gespannten Haut seines sehnigen Halses hervorstach, hüpfte auf und ab. Wieder dieser trockene Mund. Verdammt! Er musste ruhiger werden, begann „Au clair de la lune“ zu summen. Wie glockenrein die Stimme seiner Mutter gewesen war, als sie ihm in guten Zeiten dieses Lied vorsang.

Ça suffit!, mahnte seine innere Stimme. Mit einer ungeduldigen Bewegung zog er den kleinen, zusammengefalteten Beutel aus seiner Hosentasche und stopfte den Vogel hinein. Er hängte den Beutel an seiner Kordel über den Fahrradlenker. Er musste sich beeilen. In einer knappen Stunde schlossen die Geschäfte.

Traudich öffnete die Tür zum „Großen Anton“. Er wollte etwas essen, vielleicht auch auf andere Gedanken kommen.

„Hunger?“ Anton sah ihn aufmerksam an. Traudich hatte heute einen undurchdringlichen Blick, den Anton nicht auf die Schnelle deuten konnte.

Traudich nickte, setzte sich an seinen Tisch. Er genoss einen Moment die Vertrautheit dieses Raumes: den Kneipengeruch, die beruhigende Geräuschkulisse aus lautem Lamentieren oder dumpfem Schweigen, das leise Geschirrklappern aus der Küche. Anton musste durch die Küchendurchreiche nur „Einmal Ernst-August!“ rufen und der Koch wusste Bescheid.

Alles schien Traudich wie immer, aber nur, weil er nicht hörte, wie Nils in der Küche „So’n Mist aber auch!“ sagte.

Anton prüfte mit einem Blick, ob seine Gäste zufrieden waren, bevor er sich zu Traudich setzte.

„Ich hab‘ gehört, dass ihr den Mörder habt.“

Traudich zuckte mit den Schultern. „Wir haben Jimmihendrix Neumann."

„Jimmihendrix!?" Anton verschwand kurz und kam mit einer Flasche Magenbitter und zwei Gläsern zurück. Er schenkte ein. Jeder nahm gedankenversunken den ersten Schluck.

„Jimmihendrix ist kein Mörder", sprach Anton in das Schweigen. „Der hat doch bis heute nicht gelernt, wie man sich wehrt. Ich kenn' die alten Geschichten. Wenn ihn früher jemand verprügeln wollte, ist er weggelaufen. Und das macht er bis heute so."

„Er hat sich ohne Gegenwehr abführen lassen."

„Sag ich doch. Er kann sich nicht wehren."

Anton wurde von einem Gast gerufen, Traudich schenkte sich einen Magenbitter nach. Fisch muss schwimmen, beruhigte er sein kurz aufflackerndes schlechtes Gewissen, weil er sich ein Glas außer der Reihe eingeschenkt hatte. Er wollte schließlich, dass es die Salzheringe gleich gut bei ihm hatten. – Hatte Anton Recht? Aber war es nicht auch möglich, dass jemand genau deswegen tötete? Weil er sich nicht wehren konnte?

Traudich nippte am herben Gemütstropfen. Gut, dachte er weiter, vielleicht kann er töten, aber kann er auch morden? Mord war auch eine Form von Wehr. Und in diesem Fall hatte alles auf einen Mord hingewiesen. Wie die Tote „gebettet" worden war, ihr neues, frisch aussehendes Kleid (es musste vorher gekauft worden sein), die tote Schwalbe (die ja nicht überall herumlag und bloß aufgehoben werden musste). Das Gesamtbild, da war sich Traudich sicher, war eine wohldurchdachte Inszenierung (was eigentlich gegen Jimmihendrix sprach).

Traudich hielt die Zungenspitze ins Glas. Wann kam endlich das Essen?

Traudich kannte Jimmihendrix nicht näher. Er wusste nur, was man über ihn erzählte; oder wohl eher, worüber man sich lustig machte. Am häufigsten wurde er wegen seines grasgrünen Rucksacks verspottet, den er stets bei sich trug. Jeder wusste, was er beinhaltete: Handtuch, Seife, Spiegel, Kamm und Taschentücher. Diese Utensilien gaben Jimmihendrix die nötige Sicherheit, wenn er draußen allein herumlief. Wenigstens genauso sauber und gepflegt – eben wie alle anderen – wollte er sein. Nur nicht auffallen. Komme, was wolle.

Traudich seufzte. Und ausgerechnet diese Vorsorge hatte den Verdacht erhärtet, dass er die junge Frau getötet hatte. So makellos sauber, wie ihr Kleid war. So ordentlich, wie ihre Haare gekämmt waren.

Traudich trommelte mit den Fingern auf den Tisch, gab ihnen etwas zu tun, um sie vom Griff nach dem Schnapsglas abzulenken. Etwas war an Antons Einwand dran. Aber demgegenüber stand die Frage, warum Jimmihendrix sich so bereitwillig hatte abführen lassen.

Immer noch kein Essen, dachte Traudich ein wenig ungeduldig. Seine Finger brauchten eine Erholung vom vielen Trommeln. Er griff zum Glas, nahm einen kleinen Schluck (schließlich trug er auch für seine Finger eine gewisse Fürsorge).

Traudich dachte weiter an Jimmihendrix, sah ihn mit seinen langen Beinen und unkoordiniert wirkenden Schritten auf dem Deich gehen. Wie er dazu seine Arme mit weit ausholendem Schwung bewegte, als könnten sie ihm so zusätzlichen Antrieb geben. Traudich wusste vom Hörensagen, dass Jimmihendrix gerne auf dem Deich lief, am liebsten auf regendurchtränktem Boden. Einmal hatte er ihn selbst gesehen, wie er strahlend durch das Wasser, das sich in den Schafstritten gesammelt hatte, gelaufen war. Wie der Rucksack mit jedem Schritt auf seinem Rücken hin und her schaukelte. Der hochspritzende Dreck war ihm egal. Er hatte ja alles dabei, um anschließend die Gummistiefel wieder säubern zu können. – Ob Jimmihendrix sich allein fühlte?

Traudich nahm einen weiteren kleinen Schluck. Es war genauso gut möglich, dass Jimmihendrix sich so annahm, wie er war. Immer etwas abseits, belächelt, wenig ernst genommen.

Traudich beschloss, Jimmihendrix ab sofort mehr Ehrerbietung zu zeigen. Anton hatte ihm einmal erzählt, wie sehr Jimmihendrix unter seinem Namen litt und einfach nur Jott genannt werden wollte. Und genau das würde Traudich ab sofort tun; ihn nur noch mit Jott ansprechen und als Jott an ihn denken. Traudich selbst hatte es schließlich auch nicht gerne, wenn sich jemand über seinen Wunsch hinwegsetzte, ihn nicht mit seinem vollen Vornamen anzusprechen. Nur ein Mensch durfte das. Manchmal. Und das war Anton. Vor vielen Monaten waren es sogar zwei. Als Christa noch zu ihm gehörte.

Traudich dachte zurück an das kurze Verhör, an Jotts Geständnis, an dessen verstörte Gegenfrage, als er auf die tote Schwalbe angesprochen wurde. Er sah dessen aufgerissene Augen, während er „Eine tote Schwalbe? Tot auf tot?" stammelte.

Je länger Traudich über alles nachdachte, desto voreiliger erschien ihm die Verhaftung.

Traudich strich behutsam den noch feuchten Zettel aus, den er vorhin aus dem Bewässerungsgraben gefischt hatte, als Anton sich wieder zu ihm setzte. Er blickte neugierig auf die Zeilen, begleitet von einem lakonischen „Aha!". Er schien den französischen Satz zu verstehen, was ein wenig an Traudichs Ehre kratzte. Er mochte es nicht, sich unterlegen zu fühlen. Aber das änderte nichts an dem momentanen Kräfteverhältnis zwischen ihnen, das greifbar vor ihnen auf dem Tisch lag.

Traudichs Unbehagen wurde durch einen beherzten Schlag auf die Kellnerklingel beendet. Das Essen war fertig. Anton holte es, stellte es vor ihm ab und eilte zu einem Gast, dem das Bierglas umgekippt war. Zufrieden betrachtete Traudich die Riesenmenge an Bratkartoffeln. Es waren so viele, dass ein ganzer Hering unter ihnen verschwand. Seine Stimmung hellte sich auf. Er wollte jetzt erst einmal nur essen und genießen. Sonst nichts. Er griff zum Besteck, suchte nach einer besonders krossen Bratkartoffel, als er es merkte. Eine Heringshälfte fehlte!! Das war also die Erklärung für den Kartoffelberg. Verärgert sah er zur Küchendurchreiche, direkt in Nils Gesicht. Dem stand das schlechte Gewissen ins Gesicht geschrieben, seine herunterhängende Unterlippe verriet es.

Anton kam mit dem Aufwischlappen an ihm vorbei, tippte mit dem Finger auf den Zettel und übersetzte: „Eine Schwalbe macht noch keinen Sommer."

Traudich knurrte: „Und ein Hering macht noch keinen Mann satt!" Er wandte sich zu Nils, dessen Kopf immer noch von der Küchendurchreiche umrahmt wurde.

„Wagst dich wohl nicht aus deinem Loch, was?"

„Ist dir ′ne Laus über die Leber gelaufen?"

„Nee, aber dafür ist dir wohl ein Hering entlaufen."

„Ich kann's doch nicht ändern, Traudich. Wir hatten vorhin eine größere Reisegruppe hier."

„Was macht die denn hier?"

„Ja, hallo!? Vielleicht essen?"

„Und dabei hast du dich verzählt?"

„Wieso verzählt?

„Weil ein Hering aus zwei Hälften besteht. Zwei ist eine gerade Zahl. Also hättest du mindestens zwei Heringe oder keinen Hering mehr haben müssen."

Nils zog beleidigt den Kopf zurück: „Bist mal wieder der ganz große Oberchecker, was?"

Traudich wusste, dass er sich gerade kräftig daneben benahm. Aber was sollte es. Auch er musste mal seinen Frust rauslassen können. Allerdings war Nils der denkbar Unschuldigste in der ganzen Sache. Vielmehr hatte es etwas mit Antons Kalkulation zu tun, und der hatte schlichtweg zu wenig Salzheringe bestellt.

Die ersten Bratkartoffeln lagen kaum auf seiner Zunge, da spürte er schon deren krosse Konsistenz. Eines musste er Nils ja lassen, er war der unangefochtene Erstchef unter den Bratkartoffelbratern. Nirgendwo hatte Traudich bis jetzt Bratkartoffeln bekommen, die an diese Qualität heranreichten. Die zweite Gabel war der Haupttreffer. Er hatte genau die Bratkartoffeln aufgespießt, die von der säuerlichen Lake des Gurkenwassers etwas aufgesogen hatten. Er liebte das Zusammenspiel des leicht Säuerlichen mit der verhaltenen Süße der Kartoffeln. Mit jedem weiteren Happen wurde er versöhnlicher. Er würde später zu Nils in die Küche gehen und sich entschuldigen.

Plötzlich konnte Traudich nicht weiter essen und legte das Besteck neben den Teller. Was war hier gerade passiert? Anton hatte übersetzt, dass eine Schwalbe noch keinen Sommer mache, woraufhin er konterte, dass ein Hering keinen Mann satt mache. Also war ein Hering kein Hering? Wie nur eine Schwalbe aus dem Sommer keinen Sommer machte? Hatte die tote Schwalbe eine einzige große Enttäuschung versinnbildlichen sollen? Hatte Anne Bening ein Verhältnis mit dem Täter gehabt und sich zu früh von ihm abgewandt, ihrer Liebe zu wenig Zeit geschenkt?

Oder sollte er noch kühner denken, dass eine tote Schwalbe auf der Leiche keine Leiche mache? Dem Täter jedes Schuldempfinden fehlte und, würde er erneut enttäuscht werden, wieder einen Mord ausübte?

Traudichs Handy klingelte. Bert, von der örtlichen Polizeistreife, berichtete aufgeregt von seinem Fund. Einem Beutel, der an einem Fahrradlenker hing und sich bewegte. Als er ihn daraufhin geöffnet hatte, blickte er in den weit aufgesperrten Schnabel einer jungen verängstigten Schwalbe. Und da damals, auf dem Opfer am Ende der Eiderkaje, diese tote Schwalbe gelegen hatte, dachte er sich, ob nicht vielleicht ...

Traudich unterbrach den Redefluss, sprang auf und bat Bert, den Halter des Fahrrads zu verfolgen. Er mache sich sofort zu ihm auf den Weg.

Beim Aufstehen warf er einen Blick auf seinen unberührten Salzhering. Das hatte er nun von seiner Kleinlichkeit. Hätte er einfach nur gegessen, anstatt sich über den fehlenden zweiten Salzhering aufzuregen, hätte er jetzt nicht ganz ohne Hering losgemusst. Weil er alles haben wollte, hatte er nun nichts.

Hatte er Christa auch nur ganz haben wollen? Oder anders ausgedrückt: Hatte er mehr Schwalben eingefordert? War sie deswegen davongeflogen?

Hugo Mercier verließ mit einer hochwertigen Papiertüte in der Hand das Textilgeschäft. Sie hatte einen stabilen Boden, die Henkel waren aus einem breiten, dunkelbraunen Satinband. Er war unzufrieden, weil er nur ein Blusenkleid mit Reverskragen bekommen hatte. Es sollte doch dem Kleid, das Marie während ihres ersten Rendezvous‘ getragen hatte, möglichst ähneln. Und dann wollte die Schnepfe von Verkäuferin das Kleid auch noch in eine billige Plastiktüte stopfen!

„Geht es auch anders?“, hatte er gefragt. Er musste an sich halten, um nicht laut zu werden.

„Wie anders?“

„Na, vielleicht in Seidenpapier eingewickelt?“

„Sie wollen keine Tüte?“

„Ich erwarte, dass Sie das Kleid in sauberes Seidenpapier wickeln und eine adäquate Tragetasche wählen.“

Die Verkäuferin atmete erleichtert auf, als sie wieder allein war. Der Mann hatte ihr Angst gemacht. Allein schon seine Art, wie er das Geschäft betrat. Er hatte die Tür nicht aufgezogen, sondern an sich gerissen, um sie sogleich wieder von sich zu stoßen. Wie von einem scharfen Windzug getragen stand er unvermittelt im Raum. So schnell alles ging, so schnell war klar, dass er ein Blusenkleid mit Schalkragen wollte. Sie hatte aber nur Kleider mit Reverskragen. „Dann das!“, hatte er gesagt, „Größe 38! “Während sie die gewünschte Größe von der Stange nahm, spürte sie sein verärgertes Ausatmen im Rücken. Wie konnte dieses Benehmen zu einem dermaßen gepflegten und dazu noch hübschen Mann passen? Und dann die Sache mit der Plastiktüte, in die sie das Kleid legen wollte. „Adäquate Tragetasche“ hatte er gesagt. Pf! Was gab es nur für Menschen!

Hugo Mercier brauchte eine kurze Pause. Er hatte sich eben zu sehr aufgeregt. Dieses Geschäft, dachte er aufgebracht, trug den einfallslosen Namen „Textilhaus“ zu Recht. Aber was sollte er hier am Arsch der Welt auch anderes erwarten? Jetzt hatte er auf einen Reverskragen ausweichen müssen. Merde! Ausgerechnet den Kragen, den seine Mutter so gerne trug. Hugo spürte diese langsam hochkriechende Übelkeit. Wie immer, wenn ihm seine Mutter gedanklich zu nahe kam. Was sollte er jetzt tun, was war richtig? Oder war es so noch richtiger als richtig? Würde er so Marie und seine Mutter in einer Person töten? Die eine real, die andere sinnbildlich?

Seine Therapeutin wäre bestimmt zufrieden mit ihm, wenn sie wüsste, wie beherzt er sich gerade seiner Vergangenheit stellte. Er musste ihr das Wie ja nicht schildern.

Oder redete er sich gerade etwas ein? Hugo sah auf die Uhr. Unmöglich, noch weiter nach einem Schalkragen zu suchen. Wie hatte er nur so dumm sein können, nicht schon in Husum nach dem passenden Kleid gesucht zu haben. Dort wäre die Auswahl bestimmt etwas größer gewesen.

Seine Übelkeit wuchs. Er brauchte schnell eine Bank, um sich setzen und die Beine hochnehmen zu können. Der Boden vibrierte schon leicht unter seinen Fußsohlen, von den Gedanken, die im stampfenden Gleichschritt auf ihn zumarschierten.

Er musste ihnen Einhalt gebieten. Fasste an seine Hosentasche. Wie gut. Das Münzgeld in seinem Portemonnaie wog schwer. Er setzte sich im Schneidersitz auf eine Bank, öffnete sein Portemonnaie und reihte eine Münze nach der anderen aneinander, so gerade, dass er ein Lineal anlegen konnte.

„Eins, zwei, drei, ..." Hugo tippte zu jeder leise gesprochenen Zahl eine Münze nach der anderen an. Die Ruhe kam zurück, mit ihr die nötige Kraft. Er hatte doch noch Großes vor. Ein letztes Mal Marie sehen. Angefangenes beenden. Richtig beenden. Nichts Halbes.

Marie hatte ihn während der ersten Wochen ihrer Beziehung – wenn er seine Geldmünzen aneinanderreihte – liebevoll „mein kleiner Dagobert" genannt und dabei gelächelt. Doch ihre Geduld schwand. Er bemerkte es an ihrem Lächeln, das zuerst verkniffene, dann immer zynischere Züge bekam. Bis sie mit den Worten „mach dich doch nicht lächerlich" auf ihn reagierte.

Niemand durfte so etwas sagen. Weder Marie noch Anne.

Die Pause hatte Hugo gut getan. Mit energischen Schritten ging er zu seinem Fahrrad zurück. Er hatte sogar ein Auge für den historischen Marktbrunnen. Schöne Erinnerungen an seine erste Zeit in Tönning hingen daran. Nach den Französisch-Abendkursen hatte er gerne am Brunnen gesessen, den Sandstein der Brunnenmauer im Rücken, noch ganz warm vom Sommertag. Aus dieser Perspektive war ihm der Marktplatz immer riesig erschienen. Hier fühlte er sich weit von dem Zuhause entfernt, wo seine Mutter noch wohnte. Die gut erhaltenen Bürgerhäuser, die teilweise den Marktplatz säumten, hatten ihn immer schnell ins vergangene Jahrhundert entführt. Hier hatte er sich in ein buntes Markttreiben hineingeträumt, in eine Welt, die zwischen Mann und Frau noch nicht so kompliziert war. – Bis Anne kam, die sein Leben schlagartig verändert hatte.

Marie Wagner stand am Eiderdeich in der Nähe des Schiffsanlegers. Sie hatte die rote Reisetasche neben sich abgestellt, blickte auf das Wasser und entschied, doch kein Zimmer für die Nacht zu nehmen. Die Erinnerungen an die Zeit hier taten ihr nicht gut. Sie dachte an den schwierigen Wechsel nach ihrem ersten Staatsexamen von Kiel nach Tönning. Wie anders die Uhren hier im Vergleich zu einer großen Stadt tickten. Das Einzige, was sie damals während ihres Referendariats an der Grundschule hochgehalten hatte, war der Französisch-Kurs an der Volkshochschule. Und Hugo Mercier, der den Kurs leitete. Wochenlang hatte sie ihn umschmeichelt, um sich dann nach nur wenigen Liebesnächten ohne viele Worte von ihm abzuwenden. Es stimmte leider, was Hugo sagte, auch wenn er das bestimmt in einem anderen Zusammenhang gemeint hatte: Was er machte, machte er richtig. Er wollte nichts Halbes, auch im Bett nicht. Während er mit seinem verschwitzten Körper auf ihr gelegen hatte, musste sie an das schnelle Auf und Ab einer Nähmaschinennadel denken, die sich durch den Stoff arbeitete. Hoch, runter, raus, rein …. Sie war frustriert gewesen, weil er einfach nicht merkte, dass ihr das so nicht gefiel.

„Kannst du dich vielleicht einmal etwas weniger an mir abarbeiten?“, hatte sie ihn schließlich gefragt. Sie hatte es kaum ausgesprochen, als es ihr auch schon leid tat.

„Verzeih, Hugo“, hatte sie schnell gesagt. „So habe ich das nicht gemeint.“

Hugo wirkte auf sie wie schockgefroren, während er sie schweigend anstarrte. Sie wusste noch, dass genau in dem Moment ein entferntes Hundegebell verstummte. Als wollte der Hund Hugo in seiner Sprachlosigkeit beistehen.

„Abarbeiten hast du gesagt?“ Danach war er aufgestanden und hatte sich ins Nebenzimmer verzogen. Sie wusste, was er dort machen würde. Sie hörte die Geldmünzen, wie sie auf den Tisch fielen, dann sein leises Zählen, bis er wieder vor ihr stand. „Wir kriegen das schon hin“, hatte er gesagt. Er wirkte wie ausgewechselt, während er ihren Kopf liebevoll zwischen seine Hände nahm und ihn an seine Brust legte. „Gib mir nur etwas Zeit.“ Sie erinnerte sich noch genau an ihre innere Zerrissenheit. Sie fühlte sich mit Hugo wohl, sie konnten einander vorlesen, gemeinsam seine Chansons hören, zu denen er immer so viel erzählen konnte. Er war ein feiner Beobachter. Belesen. Nie zuvor hatte sie einen solchen Mann getroffen. Aber er hatte auch diese andere Seite. Dieses zwanghafte Wollen, alles richtig zu machen. „Keine Halbheiten zulassen“, wie er sagte. Und diese Münzenzählerei, die sie immer stärker belastete.

Traudich hatte auf den Weg nach Tönning seinen Kollegen Bert angerufen. Wie er erfuhr, stand das Fahrrad mit der Schwalbe im Beutel immer noch an derselben Stelle.

„Kannst du mir ein Rad besorgen, Bert?“

„Schon erledigt. Ich hatte Kalle gebeten, mir eins zu bringen. Ich kann hier ja nicht weg. Kann ja nicht meine Augen hier und gleichzeitig auf den Weg zum Radverleih haben.“

„Kalle hat ein Fahrrad gemietet!? Er hat dort gestanden, seinen Namen, seine Adresse und auch noch die Leihdauer angegeben, während hier Gefahr in Verzug war? Was hätte er denn gemacht, wenn vor ihm eine Gruppe von Touristen an der Reihe gewesen wäre?“

„Dann hätte er sein Blaulicht aus der Tasche gezogen und es eingeschaltet.“

Traudich hatte verblüfft geschwiegen.

„Sag mal, Traudich, glaubst du, dass wir blöde sind? Kalles Schwager arbeitet doch bei dem Fahrradverleih. Ich wollte hier keine Aufmerksamkeit erregen und aus Ermittlungsgründen ein Fahrrad konfiszieren. Zumal wir ja nicht wissen, wie der Halter des Fahrrads mit dem Beutel an der Lenkstange aussieht."

„Das stimmt." Traudich war erstaunt über die vielen zusammenhängenden Wörter, die aus Bert sprudelten. Er galt unter seinen Kollegen als die geborene Werbefigur für den eher wortkargen Menschenschlag an der Küste.

„Sag ich doch."

„Bis gleich, Bert."

„Jo."

Jo. Da war wieder der Bert, wie Traudich ihn kannte. Er war bestimmt aufgeregt. Nur so war diese Wortflut zu verstehen.

Hugo Mercier beschleunigte seinen Schritt, als er den zuckenden Beutel an seiner Lenkradstange sah. Verdammt! Wie konnte das geschehen? Am Fahrrad angekommen, schleuderte er das Kleid in den Fahrradkorb, griff sofort nach dem Beutel und drückte zu. Durch den Stoff spürte er das Brechen der feinen Vogelknochen.

Im selben Moment drückte Bert beide Augen zu und presste seine Lippen fest aufeinander. So viel Kraft würde kein Vogel überleben, dachte er. Hugo schwang sich auf das Rad und fuhr los. Marie wartete bestimmt schon auf ihn. Wie gerne hätte er ihr viele lebendige Schwalben und noch mehr Sommer geschenkt. Aber sie wollte ja nicht. Warum bekam er nie die Chance, sich richtig zu beweisen? Was war denn an dem Sprichwort: „Une hirondelle ne fait pas l'été" so schwer zu verstehen? Wie lange hatten sie in seinen Französisch-Abendkursen über den Sinn des Sprichworts philosophiert? Alles hohle Worte, wie sich später zeigte. Anne und später Marie waren wie alle anderen Frauen. Wenn etwas nicht schnell genug klappte, dann „ab in die Tonne!".

Beide hatte er gebeten, bei ihm zu bleiben. Hatte ihre noch jungen Gefühle als zarte Luftwurzeln umschrieben, die durch ihr Gehen ihre feinen Härchen orientierungslos ausstrecken würden, anstatt sie friedvoll dem Boden zuzuneigen, um sich mit ihm fest vereinen zu können. Ob sie dieses Ende denn wirklich wollten, hatte er sie in seiner Verzweiflung gefragt und sie mit seinen Worten erreicht, ihre Rührung gespürt. Schließlich war ihr Band die Liebe zur Poesie. Sonst wären sie sich in seinen Kursen doch gar nicht näher gekommen. Aber die Worte hatten letztlich nicht gereicht.

Er tat das Richtige, wenn er Marie die Schwalbe zurückgab. Sie hatte die Schwalbe getötet, nicht er. Er machte aus dem Halben wieder etwas Ganzes. Schnitt diese nach Halt suchenden Luftwurzeln ab, die immer wieder nach ihm griffen.

Ein Polizeiwagen fuhr über den Zebrastreifen und nahm Hugo Mercier die Vorfahrt. Er musste bremsen, rutschte mit dem Fuß von der Pedale ab und spürte sogleich einen brennenden Schmerz an der Ferse. Er zog seinen Socken herunter und besah sich die aufgeschrammte Stelle.

Traudich nutzte den Moment, sprang aus dem Wagen und nahm von Bert das Fahrrad entgegen. Der konnte sich über Traudichs Aktionismus ein Kopfschütteln nicht verkneifen.

„Kein Wort“, fuhr Traudich ihn an. Sein Herz schlug heftig, so erschrocken war er über seinen eigenen Wagemut.

Er hatte den Autoschlüssel stecken lassen, damit Bert das Auto von der Straße fahren konnte. Schließlich war er ja nicht „blöde“ und würde das schon ohne Worte verstehen, dachte Traudich.

Hugo sah beim Aufrichten, wie der Streifenpolizist in das Auto stieg. Einen kurzen Moment, als der Polizeiwagen mit dem Tempo über den Zebrastreifen geschossen war, hatte er geglaubt, dass die Eile ihm galt. Blödsinn, dachte er jetzt, warum sollte die Polizei ihn im Visier haben?

Marie Wagner sah auf ihre Uhr. Jetzt hatte sich Hugo schon fünf Minuten über die vereinbarte Zeit verspätet. Das sah im gar nicht ähnlich. Warum er sie wohl noch ein letztes Mal sprechen wollte? Sie hatte sich verpflichtet gefühlt, seiner Bitte nachzukommen, weil sie immer noch ein schlechtes Gewissen hatte. Nach ihrem ganz großen Streit im Bett hatte sie sich noch einmal umstimmen lassen und ihnen noch eine Chance gegeben. Und es hatte sich tatsächlich etwas verändert. Während ihrer intimsten Momente fühlte sie sich manchmal wie von warmen Wellen umspült. Es war Hugo gelungen, Variationen in seine Streicheleinheiten zu bringen. Doch als sie eines Abends, völlig unverhofft, die Anstrengung über sein Tun in seinem Gesicht stehen sah, war sie von einer Sekunde auf die andere ernüchtert gewesen. Unter dem Vorwand, zur Toilette gehen zu müssen, war sie aufgestanden und gegangen. Hatte vorher noch auf seiner kleinen Einkaufstafel in der Küche „Es geht einfach nicht“ geschrieben. – Hugo hatte danach nie wieder versucht, Kontakt zu ihr aufzunehmen.

Seit einem Vierteljahr wohnte sie in Flensburg und hatte kaum noch an Hugo gedacht. Bis der Brief kam. Er wollte sich noch einmal mit ihr treffen. Vielleicht eine Möglichkeit, hatte sie gedacht, ihr Verhalten wiedergutzumachen und zu sagen, dass es ihr wirklich ernst mit ihm gewesen sei. Als Beweis wollte sie seinen Zettel mit den Worten „Une hirondelle ne fait pas l’été“ mitbringen, den sie immer noch aufbewahrt hatte. Sie hörte wieder seine Worte, während er ihr damals den mit Blumenranken verzierten Briefumschlag überreichte: „Für dich, Marie. Für immer und ewig.“

Aber vorhin, auf der Brücke, war sie unsicher geworden und hatte ihr gemeinsames Sprichwort in den Bewässerungsgraben geworfen. Sie hatte mit einem Mal das ungute Gefühl, dass Hugo alles falsch verstehen könnte.

Hugo Mercier fuhr zum historischen Hafen, es dämmerte bereits. An der weißen Brücke vorbei, immer weiter die Straße entlang. Er hatte Marie gebeten, an der Eiderkaje auf ihn zu warten. Sie kannte die Stelle. Außerhalb der Saison war hier nicht mehr viel los. Hier, wo sie so gerne gesessen hatten, würde er sie töten. Sie dann so betten, wie vor ihr Anne, mit auf ihrem Bauch übereinandergelegten Händen, die rechte über der linken und der Schwalbe auf dem Handrücken. Nur mit dem Unterschied, dass diese Tote kein geblümtes Sommerkleid, sondern ein eher streng geschnittenes Blusenkleid tragen würde. Er würde die letzten Stunden neben ihr in aller Stille verbringen und mit der vergangenen Zeit abschließen.

Er dachte an Florence, die zuhause auf ihn wartete. Dieses Mal würde alles gut werden. Die bösen Geister würde es nach Maries Tod nicht mehr geben.

Traudich wurde nervös. Der Weg würde wieder zur Eiderkaje führen, wo sie heute früh Jott verhaftet hatten. Er war allein, hätte Verstärkung anfordern müssen. Niemand wusste, wo er sich befand. Und jetzt blieb ihm nicht die Zeit, um vom Rad abzusteigen, sein Smartphone aus der Innentasche des Blousons zu nehmen und Hilfe anzufordern. Von weitem sah er die rote Reisetasche. Alles fügte sich ineinander. Es war so, wie er befürchtet hatte. Die Frau von der Brücke schwebte in Lebensgefahr.

Für die Länge eines Augenaufschlags sah er Christa dort sitzen. Was geschah heute nur mit ihm? Warum verschmolz diese Frau immer wieder mit Christa? War es diese Frisur? Energisch verscheuchte er seine Gedanken. Er musste jetzt hundertprozentig bei der Sache sein, um einen weiteren Mord zu verhindern. Er war allein und hatte keine Ahnung, ob der Mann eine Waffe bei sich trug.

„Das gibt Ärger, Ernst-August Traudich“, murmelte er. „Wie konntest du nur so unprofessionell handeln.“ –

Und dann ging alles sehr schnell. Bert war ja nicht „bekloppt“.

Traudich schloss die Haustür hinter sich. Es war inzwischen dunkel geworden. Von der Fülle der Ereignisse vollkommen erschöpft, hängte er bedächtig seinen Blouson an die Garderobe. Heute Mittag hatte er ahnungslos seine kleine Kate verlassen, um sich Wind um die Ohren wehen zu lassen und hatte stattdessen im letzten Moment einen zweiten Mord verhindert. Hugo Mercier saß nun in Haft. Und was das Beste war: Jott Neumann war wieder frei.

Traudich schlurfte in die Küche. Er hatte einen Riesenhunger, sah in den Kühlschrank und betrachtete das Ei. Lohnte es sich überhaupt, nur ein Ei in die Pfanne zu schlagen? Verärgert griff er zum Magenbitter und setzte sich in seinen Sessel. Er dachte noch einmal an Merciers Wutausbruch während der Festnahme. An sein Fluchen, weil er an nur einem Tag wiederholt von seinen Planungen abgebracht worden war. Begonnen mit dem fehlenden Schalkragen an dem Kleid. „Die erste Halbheit zieht immer eine zweite nach sich! Ich weiß es doch!“, hatte Mercier geschrien.

Traudich nahm einen großen Schluck, als könnte er so ein leise anklopfendes Unbehagen ertränken. War er manchmal nicht ähnlich? Erst brachte ihn der fehlende Hering aus dem Tritt und jetzt ein Ei?

Traudich sprang aus dem Sessel. Entschlossen schlug er das letzte Ei in die Pfanne. Beim Aufbrechen der Schale fühlte er sich wegen seines plötzlichen Aktionismus fast ein wenig verwegen. Und weil der so gut tat, schlug er noch einmal zu, dieses Mal allerdings über die Stränge. Er gönnte sich ein zweites randvolles Glas Magenbitter. Denn Trinken und Denken gingen zusammen.

Ihm schossen Marie Wagners Worte durch den Kopf. Sie war gekommen, um Hugo Merciers Bitte zu erfüllen, ihm den Grund ihres Gehens zu erklären. Sie wollte ihm ihre knappen Worte auf seiner Einkaufstafel erklären, um ihm die Chance zu geben, mit ihr abzuschließen.

Er hatte Christa um keine weiteren Erklärungen gebeten, wollte damals keine weiteren hören. Er hatte ihre Kritik nie gemocht, weil er sich danach immer so unterlegen gefühlt hatte.

„Mensch Traudich, was du alles nicht magst", schalt er sich leise. Er legte seine Hände in den Schoß, betrachtete die immer stärker hervorstehenden Adern auf seinen Handrücken. Sollte er ein drittes Mal verwegen sein? Das Ei hatte ihm geschmeckt, auch der zweite Magenbitter. Vielleicht würde ja auch ein Gespräch …

Traudich griff zum Hörer und tippte. Er hatte Christas Telefonnummer noch immer im Kopf.

Sie nahm nicht ab.

Traudich wusste nicht, ob er enttäuscht oder erleichtert sein sollte.

Kommissar Traudich und das Schweigen des Stoppelfelds

Kommissar Traudich fühlte sich gut. Er hatte es geschafft, sich aus eigener Kraft heraus zu einem Abend unter Leuten zu überreden. Er wollte zu einer Lesung von Krimi-Kurzgeschichten ins Dünen-Hus. Und nicht nur das, er hatte auch beschlossen, das Auto stehen zu lassen und das Fahrrad zu nehmen.

In seinem kleinen Flur kam er am Spiegel vorbei. Aus dem Augenwinkel heraus sah er kurz sein Spiegelbild, blieb stehen, ging zwei Schritte zurück, betrachtete sich. Wie anders er heute aussah. Nicht unbedingt schlecht.

Er hatte sich extra für den Abend umgezogen und seine etwas unförmige Jeans gegen die helle Sommerhose eingetauscht. Zusammen mit dem in unterschiedlichen Blautönen karierten Oberhemd sah er frisch und gepflegt aus. Er trug das Hemd erst das zweite Mal. Es war Christas letztes Geschenk. Sie hatte es ihm damals mitgebracht, als sie zusammen zum Geburtstag ihrer Freundin eingeladen waren. Dieses Mal wollte sie nichts dem Zufall überlassen, hatte ein „fesches" Hemd für ihn gekauft, um einen geschmackvoll gekleideten Mann neben sich zu haben. Er kam sich zwar in dem Hemd, das ihm ein wenig zu bunt erschienen war, verkleidet vor, hatte aber Christa zuliebe ihr „fesch" unkommentiert stehen lassen. Sie hatte ja recht, wenn sie behauptete, dass er so gar kein modisches Gespür hatte. Aber Fakt war: Das Hemd hatte den Abend auch nicht retten können. Er hatte nun einmal seine eigenen Ansichten und war nicht bereit, sich nur um einer guten Partystimmung willen den anderen feschen Hemdenträgern anzugleichen und fragwürdige Meinungstrends abzunicken. Da behielt er lieber seine Ansichten für sich und hüllte sich für den Rest des Abends in Schweigen.

Erst auf dem Rückweg hatte Traudich gemerkt, wie frustriert Christa gewesen war. Sie warf ihm vor, mit seinem sturen Verhalten die ganze Stimmung verdorben zu haben. Er hielt dagegen, nicht stur, sondern konsequent gewesen zu sein. Bis vor ihrer Haustür hatten sie gestritten, wo die Grenze zwischen „stur“ und „konsequent“ liege. – War dieser Abend für Christa der sprichwörtliche Tropfen gewesen, der das Fass zum Überlaufen gebracht hatte? Nach diesem Streit hatte sich zwischen ihnen etwas verändert, und es hatte nicht mehr lange gedauert, bis Christa ihn verließ.

Traudich schob die Gedanken beiseite, wollte sich nicht die Stimmung verderben. Er war heute seit langer Zeit etwas mehr mit sich zufrieden und hoffte, zusammen mit dem feschen Hemd einen anregenden Abend haben zu können. Und überhaupt: Man konnte nie wissen, wofür es gut sein würde.

Traudich saß im Dünen-Hus in der letzten Reihe. Außen, nahe am Ausgang, um jederzeit lautlos den Saal verlassen zu können. Allein diese Entscheidungsfreiheit reichte ihm schon, die vor ihm liegende Lesung entspannter und konzentrierter verfolgen zu können.

Mit geschlossenen Augen hörte er zu. Wie angenehm, dachte er, einmal auf der anderen Seite der Fälle stehen zu können und ermitteln zu lassen. Doch während des letzten Krimis wurde er unruhig. Er ähnelte dem schon länger zurückliegenden Schwalben-Mord in Tönning. Traudich konnte sich noch gut an den Fall erinnern, besonders an die Erleichterung, nachdem er im letzten Moment einen zweiten Mord verhindert hatte. Aber auch an den einen Magenbitter zu viel, den er anschließend bei Anton getrunken hatte. Anton würde jetzt bestimmt über den „einen zu viel“ grinsen. Gut, vielleicht waren es ja auch zwei gewesen. Oder drei.

Hatte der Autor etwa im Archiv der Husumer Nachrichten recherchiert und den Fall zur reinen Unterhaltung seiner Leserschaft wieder aufgerollt? Wie sollte er das denn jetzt finden?

Traudich wurde vom lebhaften Applaus aus seinen Gedanken gerissen und stand sofort auf, um möglichst als erster den Saal verlassen zu können. Er wollte noch schnell zur Toilette und dann die Flucht vor dem Zuschauergewühl antreten.

„Das gibt‘s doch nicht!“, hörte er eine laute Männerstimme. „Ernst-August Traudich!“

Traudich zuckte zusammen. Seit Ende seiner Schulzeit hatte ihn niemand mehr mit seinem vollen Namen angesprochen.

„Der Rächer der Schwachen.“

Traudich sah sich suchend um.

„Erkennst du mich nicht mehr?“

Und ob Traudich ihn erkannte. Dieses Lachen. Dieser Mund mit den gefühlt fünfzig strahlend weißen Zähnen. Unverwechselbar. Das war Horst Janßen, genannt Hotte-Hü, weil seine Eltern einen Pferdehof besessen hatten. Er war mit zwölf Jahren weggezogen. Traudich hatte ihn nicht sonderlich gemocht. Hotte-Hü war ein Blender gewesen. Und so, wie er dastand, schien er sich treu geblieben zu sein.

„Rächer der Schwachen?“ Traudich rang sich ein Lächeln ab.

„Ja. Erinnerst du dich nicht mehr an das mit Paul?“

Traudich sah ihn fragend an.

„Paulchen, der in Grothusenkoog bei seinen Großeltern lebte“, fuhr Hotte fort, „der von unserem Klassenlehrer in der Pause beim Rauchen erwischt und sofort zum Rektor gezerrt wurde.“

„Richtig. Paul.“

„Du hattest sofort alle zusammengetrommelt und einen Notfall-Plan geschmiedet, weil wir doch alle wussten, was Paul passieren würde, wenn sein Großvater davon erfuhr."

Traudich nickte. Wie lange war es her, seit er jeden Gedanken an Paul erfolgreich verdrängte?

„Ja, ja. Ich weiß", sagte er sogleich darauf. Traudich sah jetzt wieder alles genau vor sich. Er wusste sogar noch, dass an diesem Tag ein Riegel Schokolade in seiner Brotdose gelegen hatte. Sein Plan damals war wirklich genial gewesen. Nachdem Paul wieder auf dem Schulhof erschienen war, hatten sie sich alle von ihm eine Zigarette geben lassen. Sie mussten sogar ein paar durchbrechen, weil Paul nicht genug dabei hatte. Und dann hatten sich alle Jungen aus seiner Klasse demonstrativ auf den Schulhof gestellt und gepafft. Zum Glück hatte der Rektor den Einsatz richtig verstanden und Paul versprochen, die Angelegenheit unter den Tisch fallen zu lassen.

„Alter Schwede!" Hotte-Hü lachte Traudich an und schlug ihm auf die Schulter. „Dass wir uns noch einmal sehen!"

Traudich zuckte unter dem Schulterschlag zusammen.

„Trinken wir noch ein Bierchen und plaudern über alte Zeiten?"

Bloß nicht, dachte Traudich. So wenig, wie sie früher miteinander zu tun gehabt hatten, so sehr konnte das Plaudern jetzt nur in einen Krampf ausarten. „Ich hab‘ noch eine Verabredung, ich muss leider los", sagte Traudich so freundlich wie möglich und ging mit großen Schritten zum Ausgang.

Traudichs Gedanken blieben bei Paul. Was wohl aus ihm geworden war? Ob er es geschafft hatte, all die früheren Schläge, Demütigungen und Zurückweisungen zu überwinden?

Peer Grote fuhr mit dem Fahrrad auf dem Bürgersteig, weil sein Vorderlicht defekt war. Er musste nur noch die breite Auffahrt zu Lambeks Haus überqueren und nach zweihundert

Metern in seine Straße links einbiegen. Er wunderte sich über die Dunkelheit und Stille, die über dem Protzhaus lag. Um diese Zeit waren sonst immer noch alle Zimmer hell erleuchtet, und durch das gekippte Fenster drangen die lauten Stimmen irgendeiner TV-Quiz-Show. Egal, ob Sommer oder Winter, das Fenster war gekippt. Peer erklärte sich diese Energieverschwendung als Lambeks Versuch, die Kontrolle über das Geschehen um sich herum zu behalten. Ohne dabei zu berücksichtigen, dass diese Lautstärke seine Nachbarn stören könnte. Jeder im Ort wusste, dass der alte Lambek schwerhörig war, nur er nicht. Außerdem war er viel zu eitel, sich solch entwürdigenden Altersgebrechen zu stellen. Stattdessen beklagte er die Rücksichtslosigkeit, mit der man ihm durch viel zu leises Sprechen begegnete.

Vor der Garage sprang ein Motor an. Der Fahrer in Lambeks altem Mercedes Kabrio hatte es so eilig, dass die Räder auf dem hellgrauen Kies durchdrehten. Peer Grote erschrak und zuckte zusammen, als das Auto gleich darauf die lange Auffahrt viel zu schnell herunter fuhr. Ihm blieb keine Zeit, angemessen zu reagieren. Reflexartig trat er in die Pedale, um die breite Auffahrt zügig zu überqueren. Doch er war nicht schnell genug. Der vordere Wagenreifen touchierte sein Hinterrad und ließ ihn stürzen. Sofort spürte er einen brennenden Schmerz am Knie. Während er sich mühsam aufrichtete, hörte er, dass der Wagen abbremste. Ein Mann sah kurz zum Wagenfenster hinaus, um gleich darauf wieder Gas zu geben. Dann war es so still, als wäre nichts geschehen.

Peer Grotes Knie blutete. Die ausgefransten Stoffränder seiner zerrissenen Hose legten sich auf die Wunde und färbten sich immer dunkler. Humpelnd ging er das letzte Stück nach Hause. Während er sich bemühte, möglichst leise die Tür aufzuschließen, hörte er schon die schnellen Schritte seiner Frau auf der Holztreppe. Nicht auch noch das, dachte er. Doch seiner Frau blieb der übliche Vorwurf über sein spätes Kommen im Hals stecken, als sie sein Knie sah.

Enno Lambek lag im Wohnzimmer auf dem größten seiner handgeknüpften Orientteppiche. Blut sickerte aus seinem Hinterkopf und färbte den kostbaren Teppich dunkel. Der Fleck ähnelte immer mehr einem roten Tablett mit Lambeks Kopf darauf.

Den letzten Atemzug spürte er nicht mehr. Enno Lambek hatte es geschafft. Er war tot.

Traudich wachte auf. Er fror. Ihm war während des Schlafs die Bettdecke auf den Boden gerutscht. Um den letzten Rest Schläfrigkeit zu bewahren, tastete er im Dunkeln nach der Decke. Bloß nicht zu viel bewegen, nahm er sich vor. Doch er erreichte das genaue Gegenteil, weil er sie nicht fand. Verärgert schaltete er die Nachttischlampe ein. Die Decke lag am äußersten Rand des Fußendes, während er sie auf dem Boden gesucht hatte. Wenn er schon einmal wach war, entschied er, konnte er auch zur Toilette gehen. Schließlich war die Blase nicht mehr so belastbar wie früher. –

Was Christa wohl über ihn gedacht hätte, wenn sie jetzt neben ihm läge? Wäre sie belustigt oder genervt gewesen? Auch wenn nur fünf Jahre Altersunterschied zwischen ihnen lagen, der Abstand hatte sich schleichend bemerkbar gemacht, ehe sie ihn verlassen hatte. Oder baute er schneller ab als Männer im vergleichbaren Alter? Die ersten Suchaktionen nach seinem Portemonnaie waren ihm noch sehr präsent. Christa hatte ihm dann immer, wenn auch liebevoll, vorgehalten, zu wenig bei der Sache zu sein, wenn er es ablegte. Aus diplomatischen Gründen hatte er jedes Widerwort hinuntergeschluckt. Wie hätte er ihr auch erklären können, dass ihr Lösungsvorschlag leichter gesagt war als getan.

Traudich setzte sich auf die Bettkante und angelte mit den Füßen nach den Hausschuhen. Erklomm er gerade die nächste Stufe der Alterssenilität und wurde zu dösig, die eigene Bettdecke zu finden?

Während des Händewaschens betrachtete er seine immer tiefer werdenden Mundfalten im Spiegel. Wenigstens die Zähne waren dank penibler Pflege noch in Schuss. Sie waren sein ganzer Stolz. Bis heute Abend jedenfalls, bis Hotte-Hüs Zähne das Foyer im Dünen-Hus ausleuchteten. Wie jung der Kerl noch wirkte, obwohl sie doch gleich alt waren. Ob Hotte je in seinem Leben gearbeitet hatte? Oder hatte seine „Arbeit" darin bestanden, das Geld seiner Eltern auszugeben, sich regelmäßig auf die Sonnenbank zu legen und im Fitnessraum seine Muskeln aufzupumpen? Um in den Nächten für jede Menge Frauen fit zu sein, die im Bett ekstatisch „Hü! Hotte! Mach mir den Hengst!" riefen?

Traudich wieherte in den Spiegel. Manchmal empfand er sich selbst kaum zum Aushalten. Kopfschüttelnd schlurfte er ins Schlafzimmer zurück.

Oder war es einfach schon zu lange her, dass eine Frau ihn als Mann beachtet hatte?

Am nächsten Morgen saß Peer Grote in Dr. Brenners Wartezimmer und fühlte sich nicht ernst genommen. Er sah sich hier als Notfallpatienten mit schmerzendem Knie sitzen und musste zusehen, wie all die Patienten, die schon vor ihm da waren, aufgerufen wurden. Endlich war er an der Reihe, doch was dann geschah, empfand er als mindestens genauso herabwürdigend wie das lange Warten. Als er Dr. Brenner erzählte, wie es zu dem Sturz gekommen war, wurde der plötzlich hellhörig.

„Ein alter Mercedes Kabrio sagen Sie?"

„Ja."

„Und das Haus war dunkel?“

„Ja, aber entschuldigen Sie bitte, Herr Doktor. Was ist nun? Muss meine Wunde genäht werden?“

„Kennen Sie Herrn Lambek?“

Peer schnaufte: „Den kennt hier doch wohl jeder. Geld, tolle Autos, Frauen. Und gierig. Kriegte den Hals nicht voll genug.“

„Naja, Herr Grote. Das ist alles schon länger her.“ Während seiner Worte griff der Arzt zum Telefon und bat seine Sprechstundenhilfe, ihm die Telefonnummer von Frau Frädrich zu geben.

„Herr Grote, es tut mir Leid. Ich kümmere mich gleich um Ihre Wunde. Aber ich habe den Eindruck, dass bei Herrn Lambek etwas passiert ist. Was Sie gerade erzählt haben, passt einfach nicht zusammen.“

„Warum?“

„Weil Herr Lambek im Moment nicht das Haus verlassen kann. Mehr darf ich Ihnen nicht sagen. Ärztliche Schweigepflicht. Ich komme gleich wieder.“

Während Peer Grote auf den Arzt wartete, versuchte er, sich genau an die Zeit kurz vor und nach dem Sturz zu erinnern.

Hatte er vielleicht etwas Wichtiges gesehen?

Traudich sah fassungslos auf den Toten. Er kannte Enno Lambek als überaus gepflegten Mann, immer perfekt rasiert, die weißen Haare nach alter Manier korrekt gescheitelt, nass gekämmt. Und immer mit dem Anflug eines überheblichen Lächelns, das ihm die Jahre ins Gesicht gemeißelt hatten. Neben Lambeks Autorität keine Selbstzweifel zu entwickeln, war nicht leicht gewesen. Und jetzt klebten die Haare wirr durcheinander auf der Stirn, die Augen waren halb geschlossen, zugedeckt von Augenlidern, deren Haut feinkörnigem Schmirgelpapier glich. Um den geöffneten Mund, der mit etwas – war es Papier? – vollgestopft war, zeigten sich erste silbrige Bartstoppeln.

Am Verstörendsten empfand Traudich die Blaufärbung des Speichels, der Lambek im Ringen nach Luft aus dem Mund gelaufen war. Ein feines Muster getrockneter, bläulicher Rinnsale, die teilweise weit über das Kinn hinaus gelaufen waren, erinnerte ihn an die Kriegsbemalung der Maori.

Was für ein Bild, dachte Traudich. Der große Lambek, der immer bekam, was er wollte, hatte trotz Kriegsbemalung den Kampf gegen den Tod verloren. Traudich schalt sich wegen seiner Gedanken. Auch wenn er gegen diesen skrupellosen Geschäftsmann Vorbehalte hatte, – solch einen würdelosen Tod hatte er nicht verdient.

Traudich kniete sich neben das Opfer. Ihn interessierte, was im Mund steckte. War es ein zusammengeknülltes, mit Tinte beschriebenes Blatt? Das würde die Blaufärbung des Speichels erklären. Aber wer schrieb heutzutage noch mit einem Füller? War es ein alter Brief? Er sah um sich. Nichts deutete auf einen Raubüberfall hin. Hier herrschte eine Ordnung, die den Wert der Teppiche, Bilder und Möbel in den Vordergrund rückte. Hier ging es um Reichtum und Repräsentation.

Es klingelte. Traudich öffnete der Spurensicherung die Tür und ging danach zu Frau Frädrich, die die ganze Zeit in der hintersten Ecke des großen Wohnzimmers gesessen und ihr Entsetzen ins Taschentuch geschluchzt hatte. Sie war die Einzige von Lambeks Bediensteten, die immer zu ihm gehalten hatte.

Hinter Malte Wünsche lag eine lange Nacht. Schwere Gedanken hatten seinen Schlaf immer wieder auseinandergerissen als wäre er ein morsches Stück Stoff. Erst am frühen Morgen, als leise Küchengeräusche zu ihm hochdrangen, war er noch einmal für zwei Stunden eingeschlafen.

Nach dem Aufstehen hatte er nur um einen Becher Kaffee gebeten. Er wollte schnell raus, die quälenden Schlaffetzen abstreifen. Mit einem hauseigenen Rad war er zum Strand gefahren und in einen kräftigen Regenschauer geraten. Jetzt hockte er mit angezogenen Beinen in einem Strandkorb und lauschte dem Prasseln des Regens gegen das Korbgeflecht. Er sah zu, wie der Regen begierig vom trockenen Sand aufgesogen wurde, wie sein helles Gelb an Blässe verlor, langsam dunkler und schwerer wurde. So dunkel und schwer wie seine Gedanken an den Sommer auf Föhr, die hier am Strand wieder lebendig wurden.

Er war zehn Jahre alt gewesen. Seine Mutter hatte endlich seinen ständigen Betteleien nachgegeben und ihm einen Badeurlaub am Strand versprochen. Doch je näher die Ferien rückten, desto größer wurde ihre Unruhe, desto verbissener verfolgte sie die Wetterprognosen, speziell die Windvorhersagen. Bis Windstärke 4 war für sie alles in Ordnung. Gott sei Dank, nur mäßiger Wind, hatte sie immer gesagt.

Dann kamen die Sommerferien, und endlich ging es los. Die lange Zugfahrt nach Dagebüll Mole bis in den Fährhafen hinein. Die Nordsee, die frische Luft, der Geruch nach Salz und Algen. Das laute, aufgeregte Möwengekreisch. Die in der Sonne strahlend weiße Fähre auf dem glitzernden Wasser, die langsam näher kam. Anlegte. Auf der sie fahren würden. Seine erste Schiffsfahrt. Je aufgeregter er wurde, desto schweigsamer wurde seine Mutter, bis sie gar nichts mehr sagte.

Er hatte ihr Schweigen auf die lange Bahnfahrt geschoben, sie war bestimmt müde und suchte Ruhe. Das kannte er ja. Ihr Abtauchen in sich selbst, egal, ob er sie brauchte oder nicht.

Malte Wünsche streckte die Beine aus, bohrte die Füße in den Sand. Der Regen hatte aufgehört. Dieses Wetter hätte ihr gefallen. Nasser Sand, der nicht mehr fliegen und sich ihr nicht aufdrängen konnte, indem er zugedeckte Gefühle freilegte und durcheinander wirbelte.

Hätten sie auf Föhr nicht die trockenen Sommerwinde gehabt, – vielleicht wäre alles nicht so schlimm geworden? Und er säße hier jetzt nicht mit Händen, die eigentlich nur etwas hatten zurückbringen wollen, statt sich an einem alten Mann zu vergreifen?

Traudich hatte sich zu Frau Frädrich gesetzt und wartete. Sie wischte sich mit einem weißen Baumwolltaschentuch, das mit einer rosafarbenen Spitze umhäkelt war, die Augen trocken. Als wäre diese Frau aus der Zeit gefallen, dachte Traudich. Wer hatte heutzutage noch solche Taschentücher? Er kannte sie von seiner Mutter und Großmutter.

„Wie hübsch." Traudich versuchte, einen passenden Einstieg zu finden.

Frau Frädrich sah ihn fragend an.

„Ihr Taschentuch."

„Ach das. Ja. Ich habe es noch von meiner Mutter."

Traudich nickte. „Meine Mutter mochte die rosafarbenen Spitzen auch am liebsten."

Frau Frädrich lächelte ihn kurz an. Nickte. Senkte wieder ihren Blick und wickelte das feuchte Taschentuch wieder und wieder stramm um ihren Zeigefinger.

„Kommst du mal?", rief Hennak. Der Polizeiarzt kniete gebückt neben dem Toten, hatte dessen Kopf leicht angehoben, um die Verletzung besser zeigen zu können.

Traudich kam die Unterbrechung gelegen. Frau Frädrich brauchte noch etwas Zeit, um seine Fragen beantworten zu können.

Hennak musste nichts erklären. Es war offensichtlich, dass Enno Lambek vor dem Sturz einen Schlag auf den Hinterkopf bekommen hatte.

„Willst du ihm nicht endlich das Papier aus dem Mund nehmen?"

Hennak schüttelte den Kopf. „Das lassen wir mal bis zur genaueren Untersuchung in seiner Box liegen. Einen sichereren Ort kann ich gar nicht haben."

Traudich sah ruckartig zu Hennak hoch. „Box? Du bist geschmacklos."

„Na und? Manchmal ist das eben nicht anders auszuhalten."

„Trotzdem." Traudich stand stöhnend auf und setzte sich wieder zu Frau Frädrich.

„Das Foto", sagte sie mit zittriger Stimme.

„Welches Foto?"

„Das da." Frau Frädrich zeigte mit dem Zeigefinger zum Sideboard.

„Dort stehen viele Fotos."

„Ja, aber das in dem weißen, abgestoßenen Rahmen. Ich weiß nicht, wer das ist. Das stand nie dort."

Traudich sah aus der Entfernung das Gesicht einer jungen Frau, die lachend in die Kamera sah.

Peer Grote war auf dem Heimweg. Er hatte Glück gehabt. Seine Verletzung am Knie war, wie Dr. Brenner sagte, nur eine Risswunde, die keine weitere ärztliche Behandlung erforderte. Er hatte sie gesäubert, desinfiziert und mit einer Kompresse abgedeckt. Doch das kleine Wort „nur", vom Arzt so leicht daher gesagt, wollte einfach nicht aus seinem Kopf. Immer wieder wälzte er es hin und her. War Dr. Brenner überhaupt noch der richtige Arzt für ihn, wenn er aus seiner tiefen Fleischwunde ein „Nur" machte und sie damit zu einer Lappalie degradierte?

Und dann die plötzliche Aufregung Dr. Brenners, als er ihm von dem Unfall erzählte. Ob er wenigstens eine Anzeige gegen Unbekannt aufgeben sollte, um seinem Unfall das nötige Gewicht zu verleihen?

Peer Grote war ratlos. Vielleicht wurde er auf der Polizeistation auch nur als Lappalie betrachtet und ausgelacht? Für heute reichte es ihm eigentlich. Aber was wäre, wenn er sich noch einmal die Unfallstelle ansähe? Vielleicht würde er ja etwas finden, was von Bedeutung sein könnte?

Traudich hatte Frau Frädrich nach Hause fahren lassen. Sie wohnte in einem kleinen Häuschen im Ortsteil Bad, wo er sie jederzeit erreichen konnte. Jetzt stand er vor dem Sideboard und betrachtete die Fotos. Ein Familienfoto, das Lambek als kleinen Jungen mit seinem Bruder und seinen Eltern zeigte. Alle weiteren Fotos zeigten nur ihn: Lambek als Jugendlicher vor dem kleinen Textilgeschäft seiner Eltern. Lambek in seinem ersten eigenen Wagen, mit heruntergelassener Seitenscheibe und lässig heraushängendem Arm. Lambek vor seinem ersten Büro mit dem Schriftzug: „Enno M. Lambek – Immobilienmakler". Und dann immer größere Büros mit einem immer breiteren, selbstgefälligeren Lambek. Lambek als Marke.

Und dazwischen das Foto einer hübschen, jungen Frau, mit übermütigem, frischem Lachen, die am Strand in einem taillierten Kleid mit schwingendem Rock stand und freudig beide Arme in die Luft warf. Wie passte das da hinein?

Traudich nahm den grauweißen Rahmen, dessen Farbauftrag an vielen Stellen schadhaft war. Mit dem Finger fuhr er über die Rückseite und ertastete eine leicht klebrige Stelle. Beim näheren Betrachten sah er die feinen Rückstände eines frisch abgezogenen Preisschildes. Die Kriminaltechnik würde die Hände über den Kopf zusammenschlagen, erschrak Traudich plötzlich. Vielleicht begrabschte er mit seinen Fingern gerade wichtiges Beweismaterial. Er stellte das Bild schnell wieder an die alte Stelle zurück und machte ein Foto. Er würde seine Kollegen bitten, den Rahmen genauer nach Fingerabdrücken zu untersuchen.

Als Peer Grote in die Straße zu Lambeks Villa abgebogen war, sah er sofort, dass dort etwas nicht stimmte. Er setzte sich abwartend auf eine Bank und beobachtete das Kommen und Gehen vor dem Haus. Er kam nicht umhin, jetzt einmal über die vielen Touristen froh zu sein, denn dank ihrer waren im Ort viele Bänke aufgestellt worden, von denen er nun auf einer sitzen und sein verletztes Bein hochlegen konnte. Scham meldete sich, weil ihm während des Zusehens klar wurde, wie recht Dr. Brenner mit seinem Verdacht gehabt haben musste, dass bei Herrn Lambek etwas nicht in Ordnung war.

Als ein Sarg aus dem Haus getragen wurde, wurde es in Peer Grote still.

Für Malte Wünsche gab es hier nichts weiter mehr zu tun. Er stand vor dem Strandkorb und blickte noch einmal über den Sand. Plötzlich konnte er seine Mutter verstehen. Der Strand und das Meer hatten solch eine magische Kraft, dass alle Belastungen weniger Gewicht bekamen. Ob sich die Einheimischen darüber im Klaren waren, wo sie hier lebten? Seine Mutter musste es begriffen haben. Sie wäre damals geblieben, wenn ihr Herz nur nicht so „hungrig" gewesen wäre.

Wieder wanderten seine Gedanken zu dem Urlaub auf Föhr zurück. Sie liefen am Wasser entlang, er mit dem blauen Piraten-Sandeimer, weil er Muscheln suchen wollte. Es war windig, weit draußen auf dem Meer tanzten weiße Schaumköpfe. Seine Mutter hatte bei diesem Wetter lieber auf dem Zimmer bleiben wollen, aber er hatte so lange gequengelt, bis sie nachgab. Heute wusste er, dass sie nur deswegen eingewilligt hatte, weil ablaufendes Wasser war und sie an der Wasserkante auf nassem, festem Sand laufen konnte.

Sie waren über die Seitentreppe der Seebrücke ans Wasser gegangen, um möglichst wenig trockenen Sand durchqueren zu müssen. Natürlich hatte er sich über das Verhalten seiner Mutter gewundert. Warum konnte sie nicht einfach durch den Sand gehen, wie alle anderen auch? Doch er wollte sich nicht die Freude mit einer Frage verderben, die sie sowieso nicht beantworten würde. Er wollte auch nicht merken, dass ihr Gang, je weiter sie liefen, immer steifer und aufrechter wurde. Er mied daher lieber ihre Nähe, flitzte herum, suchte Muscheln und warf Steine in kleine Priele. Er wollte sich einfach keine Gedanken um seine Mutter machen!

Er konnte sich noch genau an den Moment erinnern, als er die große, liebevoll gebaute Sandburg sah, auf sie zulief und mit beiden Füßen zertrampelte. Als ihm daraufhin aus der Entfernung ein Kind „aufhören!" zurief und er es kurz darauf weinen hörte, fühlte er sich ein wenig versöhnt. Es hatte ihm gut getan, einmal einem anderen die Laune verderben zu können.

Seine Mutter war schimpfend hinter ihm hergelaufen. Er sollte sofort zurückkommen, doch er war immer weiter vom Wasser weg in den trockenen Sand gelaufen. Und dann briste der Wind plötzlich auf. Feinster Sand wurde vom Wind aufgewirbelt, flog durch die Luft, setzte sich auf das Gesicht, die Haare, die Kleidung. Dann ihr Schrei.

Als er sich umdrehte, sah er seine Mutter, wie sie ihren Oberkörper nach vorne gebeugt hielt, ihr Gesicht mit beiden Händen vor dem Flugsand schützte und weinte.

Lieber Enno,

heute war ich wieder am Strand, bei Windstärke Fünf. Ich habe meine Augen geschlossen und den Kopf und die Arme in den Wind gehalten. Wie feine Nadelstiche traf mich der fliegende Sand. Ich liebe dieses Prickeln auf der Haut, ihr anschließendes Pulsieren. Als ob du mich berührt hättest und ich nicht mehr weiß, wohin ich mit meinem Glück soll.

Hoffentlich hast du die Immobilie kaufen können. Komm schnell zurück.

Dein süßes Geheimnis

Malte Wünsche kannte den Brief auswendig. Er hatte ihn nach ihrem Tod, zusammen mit vielen anderen Briefen, zwischen ihrer Wäsche gefunden. Ein Bündel nie abgeschickter Briefe, Zeugnis ihrer Schwäche, Klarheit zu schaffen. Hatte stattdessen ihr Leben versaut, sein Leben versaut und ihm den Vater vorenthalten. Kindheit im perfekten Dreierpack. Wie oft er sich als kleiner Junge die Schuld an ihrem Unglück gegeben hatte. Sein innerer Rückzug begann nach diesem Urlaub. Er war gerade einmal zehn Jahre alt gewesen.

Mit der Zeit wurde ihm die eigene Mutter fremd. Immer wieder schloss sie sich im Badezimmer ein und ließ ihn ohne Erklärung allein zurück. In seiner Not hatte er einmal, da war er schon älter, durch das Schlüsselloch gesehen, als könnte er so die Verbindung zu ihr halten.

Auf dem Toilettendeckel hatte sie gesessen. Durch sein eingeschränktes Blickfeld konnte er nur die Rasierklinge in ihrer Hand sehen. Was die Hand mit der Klinge machte, blieb ihm verborgen. Nicht aber die langsamen Auf- und Abwärtsbewegungen des Arms. Dann der schnelle Griff derselben Hand nach einem weißen Papiertuch, das kurz darauf blutig war. Er kannte diese Tücher, die manchmal in ihrem Kosmetikeimer lagen. Kein Monatsblut. Wie naiv er doch gewesen war.

„Mama!“, hatte er geschrien und mit beiden Händen gegen die Tür getrommelt. „Was machst du da!?“

„Nichts. Warum fragst du denn?“

„Mach auf!“

„Moment, ich sitze auf der Toilette.“

Er hatte das Ohr an die Tür gelegt und hörte durch das Holz eine hektische Betriebsamkeit. Das schnelle Abrollen des Toilettenpapiers. Was wollte sie mit dem vielen Papier? Ein Rascheln. Wickelte sie etwas ein? Das Zuklappen der Tür vom Spiegelschrank. Warum knallte sie die so laut zu? Das hätte er sich einmal erlauben sollen. Die Toilettenspülung. Aber sie war doch gar nicht auf der Toilette gewesen!

Als sich der Schlüssel im Schloss drehte, hatte Malte sich schon abgewandt.

„Malte?"

Er musste sich gar nicht nach seiner Mutter umsehen. Ihre Stimme sagte alles. Mit angehaltener Luft hatte sie seinen Namen aus sich heraus gepresst.

„Malte, bitte", hörte er sie sagen. „Es ist doch so schwer, mit einem hungrigen Herzen zu leben." –

Malte Wünsche setzte sich wieder in den Strandkorb. Mit der Hand rieb er den feuchten Sand von den Füßen und schlüpfte in seine Sneaker. Er schüttelte den Kopf. Was hatte sich seine Mutter bloß dabei gedacht, so mit ihm zu reden? Was wusste ein Junge in seinem Alter von einem hungrigen Herzen?

Er erinnerte sich noch genau, dass er daraufhin aus der Wohnung gerannt war. Er war in den Fahrradschuppen des großen Mietshauses geflüchtet und hatte mit seinem Taschenmesser alle Reifen zerstochen. Er wusste es noch so genau, weil er an diesem Tag beschlossen hatte, nichts mehr mit dem Leid seiner Mutter zu tun haben zu wollen.

Nach seiner kaufmännischen Ausbildung war er zuhause ausgezogen und hatte den Kontakt zu ihr endgültig abgebrochen. Doch als er nach ihrem Tod während der Wohnungsauflösung diesen Brief mit dem Foto gefunden hatte, änderte sich etwas in ihm. Vielleicht, weil er das erste Mal mit eigenen Augen sehen konnte, dass seine Mutter doch einmal glücklich gewesen war? Das folgende halbe Jahr beschäftigte ihn der Gedanke, den Brief und das Foto vor die Tür des Adressaten zu legen, dorthin, wo beides eigentlich hingehörte. Er war schließlich losgefahren, und nun war alles aus dem Ruder gelaufen. Jetzt lag der Alte in seinem Blut. Ihr Brief steckte nicht am Bilderrahmen mit ihrem Foto, sondern in seinem Mund. Sollte der Saftsack doch an dieser Liebe ersticken.

Wenigstens etwas Gutes hatte das Ganze: Nun stand das Foto seiner Mutter nicht draußen vor der Tür, sondern auf dem Sideboard neben ihrer einzigen Liebe. Auch wenn es nur für kurze Zeit sein würde.

Traudich wollte bei Anton zu Mittag essen, er brauchte eine Pause. Er war heute früh, gleich nach dem Anruf, ohne Frühstück in die Lambeksche Villa gefahren. Außerdem hatte der letzte Regenschauer die Luft dermaßen abgekühlt, dass ihm das Wetter nun in den Knochen saß. Ein bisschen Wärme täte ihm jetzt ganz gut.

Gerade als er auf der kaum befahrenen Landstraße an einem großen Stoppelfeld vorbei fuhr, riss der Himmel auf. Die Sonnenstrahlen überzogen die große Fläche mit einem warmen Licht. Als würden sie eine goldene Decke mit viel Sorgfalt über die Stoppeln legen. Trotz Fröstelns fuhr er an den Straßenrand und stieg aus.

Hier, in seiner Region, gab es nur wenige Getreidefelder, dafür liebte er sie umso mehr. Doch jedes Jahr zur Erntezeit beschlich ihn eine Art Wehmut, wenn der Mähdrescher kam und sich in die Kornfelder hineinfraß. Eben noch das Zusammenspiel der sich im Wind wiegenden Getreidehalme, danach der Kahlschnitt. Die Stoppeln waren in der Erde zwar immer noch fest verwurzelt, aber standen nun jede für sich allein. Waren sie mit der Ernte zufrieden? Waren sie stolz, als Teil einer großen Gemeinschaft ihr Bestes gegeben zu haben? Aber vielleicht, dachte Traudich, waren seine Gedanken viel zu harmoniesüchtig. Vielleicht hatten sich die Pflanzen nie als gemeinsames Ganzes gesehen, sondern kämpfte jede für sich, um das meiste Licht und Wasser abzubekommen. Und wenn das so stimmte, dann gäbe es unter ihnen auch diese Enno Lambeks, die nicht nur das meiste, sondern möglichst alles Licht und Wasser für sich wollten. –

Was war los mit ihm? Warum stand er jetzt hier und stellte sein heiles Bild von der Natur als Kraftquelle in Frage? Wirkte immer noch der Streit mit Hennak nach, als sie den Tatort verlassen hatten?

„Du hast doch was, Traudich", hatte Hennak angefangen, „ich kenn' dich doch. Sag schon. Was ist los?"

„Ich frag' mich die ganze Zeit, ob du kein Mitleid mit Lambek zeigen kannst."

„Mitleid? Ich?"

„Ja, du."

„Natürlich kann ich das empfinden. Aber nicht immer und bei jedem."

„Und das sagst du als Arzt? Fühlst du denn gar nicht mit?"

„Nein. Und ich sage das Nein als Mensch."

„Lass diese Plattheiten, Hennak."

Sie waren bis zu ihren Autos nebeneinander hergegangen, bis Hennak das Schweigen brach. „Ich bin Arzt, Traudich. Vergiss das nicht. Ich muss Grenzen ziehen. Und außerdem geht es hier auch noch um Lambek."

Traudich ließ nicht locker: „Wir beide wissen noch nicht, woran er letztlich gestorben ist. Vielleicht musste er einen qualvollen Tod erleiden, und du siehst in seinem Mund nicht mehr als eine praktische Aufbewahrungsbox für das Papier. Das ist pietätlos!"

„Mag sein."

„Und das sagst du jetzt wieder nur als Mensch. Nehme ich an."

Hennak blieb stehen und holte tief Luft: „Vielleicht klärst du jetzt einmal für dich, was du eigentlich meinst. Geht es dir um Mitleid oder Mitgefühl? Niemand, auch nicht du, kann mit jedem Unglücklichen oder Verzweifelten mitleiden. Das überfordert nämlich unseren Seelenhaushalt. Deswegen spalten wir ab, Traudich. Wir werden zynisch, wenden uns ab ... Eben jeder auf seine Art."

„Und wann ist dieser Seelenhaushalt überfordert? Wann sind seine Mittel, wenn ich einmal in deiner Sprache bleibe, ausgeschöpft?“ Traudich blieben alle weiteren Worte im Hals stecken.

„Wenn die Kassen leer sind.“

„Aha. Und dann machen wir einfach die Augen zu?“

„Möglich. Weil uns das Mitleid sonst nämlich zu sehr unter die Haut geht.“

„Wegsehen, wie wir es bei den Bettlern machen?“ Traudich steigerte sich immer mehr in seinen Unmut hinein. „Oder bei den Obdachlosen und den Flüchtlingen? Kannst du mir sagen, was nach dem Wegsehen kommt!?“

„Herrjeh! Traudich! Nu‘ is‘ aber mal gut!“

Traudich sackte in sich zusammen. Paul schlich sich in seine Gedanken. Nach dem Vorfall in der Schule hatten Anton und er immer wieder an Paul denken müssen. Er tat ihnen leid. Sie dachten, wenn sie ihn auf ihren Forscher-Streifzügen mitnähmen, käme er häufiger von seinem strengen Großvater weg. Und vielleicht konnten sie sogar Freunde werden. Als sie sich dann endlich entschlossen hatten, Paul abzuholen, sahen sie ihn schon von Weitem neben dem Eingang zum Wohnhaus stehen. Reglos stand er da, hatte beide Arme fest um sich geschlungen, den Kopf nach unten hängen lassen. Sie fragten sich, was er da machte, waren unschlüssig stehen geblieben, bis sie begriffen, dass er in einer alten Zinkwanne stand. Sie sahen den Großvater, wie er mit energischen Schritten näher kam und zwei Eimer Wasser in die Wanne schüttete. Er schrie, es war nicht alles zu verstehen. Aber immer noch so viel, dass er Paul zwang, solange im kalten Wasser zu stehen, bis er ihn wieder ins Haus holen würde.

Anton und er waren völlig verstört nach Hause gegangen und hatten nie wieder versucht, mit Paul zu spielen. Es war noch Winter gewesen. Februar, Anfang März.

„Nichts ist gut, Hennak!", sagte er müde. „Ich such' einfach nur nach einer Antwort."

Hennak wollte das Gespräch eigentlich nicht weiter führen und Traudich zur Ruhe kommen lassen. Aber plötzlich kam alles wieder hoch. „Weißt du nicht mehr, was der Lambek in unserer Familie angerichtet hat? Dass er das Lebenswerk meiner Großeltern zerstört hat? Sich durch die Hintertür eingeschlichen hat, indem er rund um ihr Grundstück herum das Land aufgekauft und sie dazwischen zerquetscht hat?"

Traudich kannte diese traurige Geschichte. Letztlich war die Ehe zerbrochen, weil sich Hennaks Großvater dem Lambek nicht beugen wollte. Er hatte dagegen setzen wollen, sich immer höher verschuldet, bis er den Hof an die Bank verlor. Und was das Schlimmste war: Er hatte den Weg für Lambek bereitet, sein geliebtes Land, das letzte Stück vom großen Ganzen, aufkaufen zu können.

Traudich fror. Die Sonne war wieder hinter einer grauen schweren Wolke verschwunden. Er warf einen letzten Blick auf die Stoppeln und fragte leise: „Könnt ihr mir sagen, was nach dem Augen-schließen kommt? Ihr habt eure Ernte doch gut hingekriegt, trotz all der Lambeks unter euch."

Doch die Stoppeln schwiegen. Als wollten sie nach getaner Arbeit ihre Ruhe haben und einfach nur noch den Lebensabend genießen.

Gut!, gab sich Traudich die Antwort selbst. Dann eben Bratkartoffeln mit einer doppelten Portion Speck. Was scherten ihn die Kalorien. Heute konnte er sein Inneres gar nicht genug einfetten.

In Antons Kneipe lief die Jukebox. Rio Reiser sang sein schweres „Übers Meer". Traudich stöhnte. Hatte Anton das Stück gewählt? Wenn ja, verhieß das nichts Gutes. Er sah sich im Gastraum um. Drei Tische waren besetzt. Stammgäste, die schon mittags vor einem großen Glas Bier, ihrem „flüssig Brot", saßen. Die wollten Rio Reiser bestimmt nicht hören.

Traudich ging zur Theke und schlug mit der flachen Hand auf die alte Portiersklingel, die noch von Antons Eltern stammte. In der Küchendurchreiche erschien Antons Kopf.

„Tri-tra-tralla", musste Traudich trotz seiner inneren Zerrissenheit grinsen. Anton sah zu lustig aus. „Spielst du den Kasperl?"

„Ha, ha." Antons Kopf verschwand. Wenig später kam er um die Ecke. Er trug die XXL-Schürze vom Koch, die zweimal um seinen schmächtigen Leib gepasst hätte. Mit einem gewaltigen Faltenwurf hing sie vor seinem Bauch und reichte ihm bis zur Wade. Traudich musste erneut grinsen.

„Ich warne dich", knurrte Anton Traudich an. „Kein Wort."

„Tag für Tag weht an uns vorbei", sang Rio, *„bringt das Boot in den Wind."* Die schweren, langgezogenen Töne des Akkordeons verstärkten die Schwermut des Liedes.

„Stürmische See?", fragte Traudich.

„Fast. Ich brauch' Rio, um auf andere Gedanken zu kommen."

„Werden die bei diesem Text nicht noch schlimmer?" Traudich ging zu seinem Tisch und sah mit großer Genugtuung, dass Anton ihnen beiden ein halbes Glas Magenbitter einschenkte.

„Nils hat sich krank gemeldet. Jetzt kann ich auch noch die Küche mitmachen."

„Kannst du dir keine Hilfe holen?"

„Heiß ich Lambek? Wie soll ich die denn noch bezahlen?"

Sie prosteten sich mit ihren Schnapsgläsern zu. Anton trank sein Glas leer, während Traudich einen kleinen Rest aufhob. Warum musste das Zeug bloß so teuflisch gut schmecken, dachte er und sah auf die Uhr. Um diese frühe Mittagszeit und dann noch mitten in der Woche. Aber manchmal, redete er sich im Stillen gut zu, war es gerade das Zusammenspiel aus Trinken und Regelbrechen, das sehr befruchtend sein konnte.

„Ich brauch‘ Bratkartoffeln mit viel Speck und zwei Salzheringen."

„Du hast die saure Gurke vergessen. Gefächert."

Traudich sah Anton an. Saß er gerade im falschen Film? Eigentlich war er immer der Brummige, und nun hatte Anton Traudichs Part übernommen.

„Dann eben keine Bratkartoffeln."

„Danke, August. Mein guter Freund."

Traudich konnte nur noch den Kopf schütteln. „Du weißt schon, dass Lambek in seinem Haus erschlagen wurde?"

„Nein. Hab ich nicht gewusst." Ein Blick in Antons plötzlich hellwache Augen sagte Traudich, „seinen" Anton wiederzuhaben.

„Was ist passiert?"

Traudich erzählte das Wenige, was er bisher wusste. Er musste die Leichenschau abwarten, um von Hennak mehr über die tatsächliche Todesursache zu erfahren. Und alles durfte er Anton auch nicht erzählen, schließlich liefen die Ermittlungen gerade erst an.

„Was würdest du darin sehen, wenn auf Lambeks Sideboard plötzlich ein Foto steht, das vorher nie dort gestanden hatte?"

„Dass es jemand da hingestellt hat."

„Und wer?"

„Weiß ich nicht. War nicht dabei."

„Anton! Geht's auch ernster?"

„Mensch, ich muss erst einmal verdauen, dass der alte Saubüdel tot ist."

„Du sprichst genauso respektlos wie Hennak. Der alte Mann ist brutal erschlagen worden. Wo bleibt die Achtung?"

„Und warum soll ich die bei diesem Gierhammel zeigen, während wir damals beim kleinen Paul weggesehen haben?"

„Wie kommst du denn jetzt auf Paul?", fragte Traudich entgeistert. „War Hotte-Hü etwa hier bei dir?"

Anton nickte. „Arrogant wie immer. War schnell klar, dass wir uns nicht viel zu sagen haben. Fängt deswegen von dir als „Rächer der Schwachen" an."

Traudich unterbrach ihn mit einem lauten Stöhnen.

„Ist ja immer leichter", ließ sich Anton nicht stoppen, „über andere als über sich selbst zu reden. Dann haut die wandelnde Zahnreihe wieder ab und hinterlässt mir einen Haufen an Gedanken, den ich jetzt langsam abtragen kann."

„Du meinst Paul?"

Anton nickte. „Wenn ich noch alles richtig im Kopf habe, hatten wir ihm nur ein einziges Mal geholfen. Warum nicht öfter?"

„Das quält dich also. Und nicht, dass dein Koch krank ist."

„Mmh."

„Wir waren noch Kinder", versuchte Traudich auf die Frage einzugehen.

Anton sagte gar nichts und zog stattdessen mit seinem Zeigefinger das Unterlid seines rechten Auges nach unten.

„Er tat uns immer so leid", versuchte Traudich es weiter.

„Wohl nicht leid genug", konterte Anton.

Traudich schossen Hennaks Worte durch den Kopf. „Nein. Zu leid. Paul tat uns zu leid, und wir hatten das nicht ausgehalten."

„Und sahen deswegen weg?"

Traudich nahm sein inzwischen leeres Glas und versuchte, noch an den letzten Tropfen zu kommen.

Ein Anruf von Hennak ließ ihn den Gastraum verlassen. Er erfuhr, dass Lambeks Tod nicht durch den Schlag auf den Hinterkopf eingetreten war. Das Opfer war an seinem Erbrochenen erstickt, das durch das Papier in seinem Mund nicht nach außen abfließen konnte.

Er hatte das Gespräch kaum beendet, da meldete sich ein Kollege der Spurensicherung. Der Mercedes war heute in den frühen Morgenstunden gefunden worden, und die Fingerabdrücke auf dem Lenkrad sind identisch mit denen auf dem Bilderrahmen.

Sonderbar, dachte Traudich. Warum stahl der Täter den Wagen, um ihn nur ein paar Straßen weiter wieder abzustellen? Und dann die ganzen Fingerabdrücke.

Traudich entschied, ein paar Schritte zu laufen. Er würde heute Abend noch einmal bei Anton vorbeifahren. Jetzt war jedes weitere Gespräch sinnlos. Dafür kannte er ihn zu gut.

Malte Wünsche wollte doch nicht mehr sofort nach Hause fahren. Er saß jetzt in seinem Auto und fuhr ohne Ziel durch das Marschenland. Ob die Polizei inzwischen das alte Kabrio gefunden hatte? Voller Panik hatte er gestern nach der Tat den Autoschlüssel vom Garderobenschränkchen des Alten an sich gerissen und war zum Auto gelaufen. Bloß weit weg, war sein Gedanke. Doch schon ein paar Straßen weiter war ihm die ganze Aktion sinnlos erschienen. Er war wieder aus dem Auto ausgestiegen und hatte es einfach stehen lassen.

Jetzt fuhr er langsam, ließ sich treiben. Während er die Brücke des Eidersperrwerks überquerte, war er kurz versucht, auf den Parkplatz abzubiegen und am Kiosk nach einem Matjesbrötchen zu fragen. Doch die vielen Touristen, die sich dieses gigantische Küstenschutzbauwerk ansehen wollten, hielten ihn ab.

Er wusste genau, wo er sich befand. Als er letzte Nacht nicht einschlafen konnte, hatte er die Broschüren durchgeblättert, die in seinem Zimmer auslagen. Der Bau des Sperrwerks hatte 1967 begonnen, als Antwort auf die große Sturmflut 1962. Ob seine Mutter als junge Frau hier gewesen war? Das Bauende, fünf Jahre später, hätte sie gerade noch miterlebt haben können. Er war Ende 1972 in Köln geboren worden.

Ein kurzes Stück hinter dem Sperrwerk bog er in eine schmale Straße ab. Je weiter er fuhr, desto mehr hatte er den Eindruck, auf einem alten Deich zu fahren. Zur rechten Seite blickte er hinunter auf das entfernt liegende Ufer der Eider mit dem vorgelagerten Weideland, auf dem eine Unzahl an Schafen graste. Er hielt an. Das Blöken der Schafe war im Wageninnern nur gedämpft zu hören. Als er beide Seitenfenster öffnete, umschlossen ihn ihre Rufe und nahmen ihn in ihrer Mitte auf. Er wollte den Moment dehnen, doch seine Neugier siegte, als er vor sich einen asphaltierten Weg – Straße konnte er das hier wirklich nicht nennen – entdeckte, der wieder nach unten führte.

Behutsam, als wollte er die Schafe nicht aufschrecken, trat er auf das Gaspedal und fuhr langsam weiter. Er spürte den leichten Fahrtwind, wie der über sein Haar, seine Haut und seinen Nacken strich.

Gleich hinter dem Deich erschien wie aus dem Nichts ein altes, reetgedecktes friesisches Langhaus. Davor, auf aufgeworfenem Kies, standen alte Tische, Stühle und Bänke. Malte Wünsche fühlte sich schlagartig ins vorletzte Jahrhundert zurückversetzt. Der Zufall hatte ihn zur ältesten Schankwirtschaft an der schleswig-holsteinischen Küste geführt.

Er beschloss, im Schatten des alten Gemäuers ein Kännchen Friesentee zu trinken. Die Gäste um ihn herum strahlten eine spürbare Zufriedenheit über diesen ganz besonderen Ort aus. Ihn umschloss ihr leises Murmeln wie vorher das Blöken der Schafe. Er konnte sich nicht daran erinnern, wann er sich das letzte Mal so aufgehoben gefühlt hatte.

Wie zerrissen mochte seine Mutter gewesen sein? Auf der einen Seite die ständige Sehnsucht nach diesem Land, auf der anderen Seite die Abkehr, weil sie hier zu tief verletzt worden war. Sie hatte sich dazwischen aufgerieben und ihn gleich mit zerbröselt.

Traudich hatte sich auf eine Bank gesetzt. Einfach nur geradeaus sehen, atmen, mehr nicht. Doch er fand keine Ruhe. Was eben passiert war, hatte es noch nie gegeben. Dass Anton und er zur gleichen Zeit so mit sich beschäftigt waren, dass der eine den anderen nicht stützen konnte. Er blickte auf die kräftig gewachsene Stockrose neben dem Hauseingang ihm gegenüber. Die wenigen Blüten, hoch oben an der bereits verjüngten Blütenähre, verrieten den nahen Herbst. Bald würde der Rose die Kraft für weitere Blüten fehlen. Dann ging's auch mit ihr bergab. Traudich dachte mit leichtem Unbehagen an die Herbstabende, an denen er nicht mehr auf seiner Terrasse sitzen konnte. Er würde ins Haus müssen, allein mit sich und der Zeit, die sich drinnen viel mehr in die Länge zog als draußen. Und er würde mit einer anderen Stille konfrontiert werden. Ohne Christa, die immer etwas zu erzählen gehabt hatte.

„Herr Traudich? Darf ich?"

Peer Grote stand vor ihm. Traudich sah, wie der seine Hände zu Fäusten ballte, wieder öffnete, die Finger streckte und spreizte, um kurz darauf die Daumen zwischen Zeigefinger und Mittelfinger zu klemmen, bis sich die Daumenspitzen vom Druck röteten.

Traudich sah zu Grote hoch. Stramm stand er vor ihm, wie ein Befehlsempfänger, der auf den Befehl wartete, sich setzen zu dürfen.

„Ja, bitte. Setzen Sie sich."

Peer Grote ließ sich umständlich auf die Kante der Bank fallen. Er umklammerte mit beiden Händen die vorderste Bankbohle, um genügend Halt für sich und sein ausgestrecktes Bein zu finden.

Traudich sah auf sein Bein. „Schlimm?"

„Ich weiß nicht. Ja. Nein. Ich finde schon."

„Und wer findet das nicht?"

„Ach. Sie wissen vielleicht, wie das ist, wenn man nicht ernst genommen wird."

Traudich wollte sich nicht auch noch darauf einlassen. Er hatte mit seinen eigenen Fragen schon genug zu tun.

„Sie wollen mir doch sicher etwas anderes erzählen. Oder?"

Traudich hörte gleich darauf vom Unfall, der Fahrerflucht und seiner Knieverletzung, die jetzt, Gott sei Dank, endlich ärztlich versorgt war. Je länger Peer Grote sprach, desto mehr Details überfluteten Traudich, als hätte er allein durch seine Bereitschaft, diesem Mann zuzuhören, einen Staudamm geöffnet.

Peer Grote fühlte sich jetzt so ernst genommen, dass er sich auch traute, den gefundenen Kassenbon zu erwähnen.

Traudich horchte auf: „Sie waren am nächsten Morgen noch einmal auf Lambeks Grundstück?"

Peer Grote nickte eifrig. „Ich war in der Nacht doch so nah am Mordgeschehen. Verstehen Sie? Und oft hinterlässt der Täter eine Spur. So sieht man es doch in den Krimis. Und das hier habe ich gefunden."

Traudich nickte. „Darf ich?" Er hielt Peer Grote die offene Hand hin, um den Kassenbon entgegenzunehmen. Das einst regennasse Papier war vom Trocknen wellig geworden. Es kam aus dem größten Deko-Geschäft in St. Peter Ording.

„Mir stach das Stück Papier auf seiner Auffahrt ins Auge, weil es doch auf Lambeks Grundstück immer absolut sauber ist. Der lässt sogar den Kies vor seiner Auffahrt waschen." Peer Grote kicherte kurz in sich hinein. „Verstehen Sie?"

„Na, na", brummelte Traudich, „jetzt wollen wir mal sachlich bleiben."

„Aber das stimmt. Verstehen Sie? Sonst wäre mir der Kassenbon doch nie aufgefallen. Und außerdem konnte er nicht vom alten Lambek sein. Der konnte das Haus ja nicht verlassen, wie mein Arzt mir erzählt hatte. Wenn Sie verstehen."

„Er hätte ja von der Straße auf die Auffahrt geweht worden sein."

„So weit hoch auf's Grundstück? Gut, nehmen wir das einmal an. Noch besser, wenn Sie verstehen. Schließlich hatte es ja geregnet. Und während des Regens konnte der Bon bestimmt nicht auf das Grundstück geweht worden sein, dafür war das Papier viel zu nass und schwer geworden. Der Rest ist dann ganz einfach. Wenn Sie verstehen. Man nimmt die Uhrzeit vom Kassenbon, klärt ab, wann der Regen gestern Abend eingesetzt hatte und schon weiß man, in welchem Zeitfenster der Bon den langen Weg von der Straße bis hoch zum Garagentor zurückgelegt haben muss. Verstehen Sie?"

Peer Grote strahlte Traudich an. Sein Knie schien nicht mehr ganz so zu schmerzen, denn jetzt stieß er sich mit beiden Beinen ab, rutschte von der Bankkante weiter nach hinten und verschränkte zufrieden beide Arme vor der Brust.

Traudich stöhnte innerlich auf. Das war ja recht pfiffig gedacht, trotzdem wurde es Zeit, die Verantwortlichkeiten zu klären. „Sie kommen dann bitte morgen Vormittag in mein Büro, um den Unfall zu Protokoll zu geben. Ja?"

Traudich sah, wie er Peer Grote ausbremste, denn der hatte schon die Luft für den nächsten Redeschwall in seinem Brustkorb gesammelt. Während er sie nun entweichen ließ, sackte er in sich zusammen und wurde wieder zum Befehlsempfänger. „Ganz wie Sie wünschen."

Traudich blieb sitzen und sah Peer Grote zu, wie er sich mit dem wieder steif gewordenen Bein mühsam erhob. Nachdem sie sich noch einmal stumm zugenickt hatten, humpelte er davon. Morgen, während des Protokollierens, dachte Traudich, würde Peer Grote noch einmal seinen Auftritt haben. Danach war der arme Mann wieder mit sich und seiner Innenwelt allein.

Malte Wünsche saß noch immer vor dem Gasthaus. Er hatte ein Wasser nachbestellt und sah den übermütigen Kindern zu, die inzwischen mit einem Pferdekarren hierher gebracht worden waren. Sie rannten immer wieder den Deich hoch und ließen sich unter lautem Lachen herunterrollen. Wieder und wieder. Das Pferd wartete geduldig in seinem Zaumzeug vor dem Karren, schnaufte, schlug sich mit dem Schwanz die lästigen Fliegen vom Leib, während der junge Kutscher die Kinder toben ließ, eine Cola auf dem Fahrersitz trank und sich mit seinem Smartphone beschäftigte.

Als die Sonne hinter den Wolken verschwand, stand Malte Wünsche auf, um im Gasthaus zu zahlen. Beim Eintreten zog er unwillkürlich den Kopf unter dem niedrigen Türrahmen ein. Die zwei Gaststuben, in die man vom Flur aus hineinsehen konnte, waren noch ganz im Stil der früheren „Guten Stuben", die nur für besondere Anlässe genutzt wurden. Alte Schränke, Pendeluhren, gusseiserne Öfen, antike Sofas, gerahmte Fotografien mehrerer Generationen, Häkeldeckchen auf runden Tischen mit zusammengewürfelten Stühlen zeugten von der Geschichte dieses dreihundert Jahre alten Hauses. Die kleinen Fenster, einst zum Schutz vor den Stürmen und der Kälte, tauchten die Zimmer in ein träges, mattes Halbdunkel.

Staunend betrat er den Gastraum, dessen Wände bis zur Decke hoch mit original Delfter Kacheln bedeckt waren. Sie waren nicht Blau-Weiß, wie sie meistens vorzufinden waren, sondern in einem Lila-Braun. Er kannte sie von einem Foto. Seine Mutter hatte vor ihnen gestanden, mit einem gelb-weiß gestreiften Tuch um den Kopf, das ihre zerzausten, lockigen Haare aus der Stirn hielt. Sie hatte ihre strahlenden Augen auf die Kamera gerichtet und dem Fotografen einen Luftkuss zugeworfen. Als er vor vielen Jahren seine Mutter gefragt hatte, wo das sei, hatte sie nur „an einem vergangenen Ort" geantwortet. Wie kann ein Ort vergehen, hatte er sich als Kind gefragt. Ein Ort bleibt doch ein Ort. Wie hatte sie das gemeint?

Er hatte nicht weiter nachgefragt, weil er inzwischen wusste, dass er doch nur unverständliche oder unzulängliche Antworten bekommen würde.

Ob Lambek der Fotograf gewesen war? Wem, außer ihm, hätte sie hier sonst einen Kuss zugeworfen?

Es berührte ihn, im selben Raum zu stehen, in dem seine Mutter glücklich gewesen war.

Traudich schämte sich ein wenig, wenn er an das zurückliegende Gespräch mit der Verkäuferin aus dem Deko-Laden dachte.

Der Kassenbon hatte ihn in ein Geschäft voller weißer Einrichtungsgegenstände geführt. Traudich war noch nie von so vielen unterschiedlichen Weißabstufungen umgeben gewesen. Ein Blick genügte, um zu wissen, dass der fragliche Bilderrahmen hier gekauft worden war. Interessiert betrachtete er den abgeplatztten Lack, die Kerben und Kratzer an den Möbeln. Sein Vater hätte sofort zu Farbe und Pinsel gegriffen, wenn ein Möbelstück bei ihnen so ausgesehen hätte. In einem ausgelegten Katalog fand er die Erklärung. Man nannte den Modetrend mit seinen eingearbeiteten schadhaften Lackstellen, Ecken und Kanten „Shabby Chic“.

„Kann ich Ihnen helfen?“, wurde Traudich aus seinen Betrachtungen gerissen. Vor ihm stand eine junge Frau, die blonden Haare stramm nach hinten gekämmt und so dezent geschminkt, dass er es erst beim zweiten Hinsehen bemerkte. Eine weich fallende, cremefarbene Tunika streichelte ihren schlanken Körper. Sie hob sich in ihren Farben nur schwach von den Ausstellungsgegenständen ab.

„Ja, ich hoffe doch“, sagte Traudich, nachdem er sich vorgestellt hatte. Es tat ihm überraschend gut, die ungeteilte Aufmerksamkeit einer solch jungen, attraktiven Frau geschenkt zu bekommen. Sie hätte ihn auch wesentlich distanzierter begrüßen können.

Als sie ihn höflich in ein kleines Büro führte, ihn nach einer Erfrischung fragte und mit einer galanten Handbewegung – wie feingliedrig ihre Finger waren – bat, sich in einen cremeweißen Schalensessel zu setzen, versank Traudich in einer anderen Welt. Er räusperte sich. „Es geht um einen Kunden, der bei Ihnen einen Bilderrahmen gekauft hat."

Die Frau zog nur ihre Augenbrauen – wie sorgfältig gezupft sie waren – nach oben. Kaum merklich. So dezent, wie ihr ganzes Auftreten.

„Ich habe den Kassenzettel. Der Kunde hatte mit einer Kreditkarte bezahlt."

„Dann dürfte das ja nicht so schwierig werden", meinte die junge Frau sanft lächelnd.

„Super!" Traudich zuckte innerlich zusammen. Das Wort hallte nach, wirkte in ihrer Nähe völlig unpassend. Zu laut, zu plump oder gar zu roh? Warum tat er das? Er sprach doch sonst auch nicht so. Traudich räusperte sich, um die plötzliche Stille auszufüllen.

„Wir verkaufen jedoch viele Bilderrahmen."

Traudich war der Verkäuferin dankbar, dass sie das Gespräch gleichbleibend freundlich, als hätte sie sein Unbehagen nicht bemerkt, wieder aufnahm.

„Wenn ich ein Foto von dem Rahmen hätte, könnte ich mich vielleicht auch an den Kunden erinnern."

Traudich zog sein Smartphone aus der Tasche. „Es ist ein Rahmen im Shabby Chic." Traudich betonte das „a" besonders.

Er wuchs ein wenig über sich hinaus. Er fand, sein gerade erworbenes Wissen über diesen Modetrend so geschickt eingeflochten zu haben, als stünde er voll in der Zeit. Auf Augenhöhe mit dieser feinen Frau. Augenhöhe. So sagte man doch heutzutage.

Doch sie hatte ihn verdutzt angesehen, nach Worten gesucht. „Ich bin mir nicht sicher, ob ich Sie richtig verstanden habe.“ Mit leichtem Unbehagen schlug sie das rechte Bein – wie schlank ihre Fesseln waren – über das linke und zögerte weiterzusprechen.

Traudich hatte angenommen, dass sie ihn akustisch nicht verstanden hatte und wiederholte sich. Auch „Shabby Chic“ mit lautem „a“.

Jetzt räusperte sie sich. „Ich verstehe. Aber Sie müssen wissen, dass wir auch im Shabby Chic sehr viele Rahmen verkaufen.“

Als sie das „a“ wie ein „ä“ aussprach, erstarrte er innerlich. Traudich musste sofort an den Kellner des griechischen Restaurants denken, der immer gerne erzählte, dass Gäste bei ihm Domestos anstatt Domestika bestellten. Willkommen im Club, höhnte seine innere Stimme.

Mit einem kleinen Scherz wollte er von seinem peinlichen Versprecher ablenken. „Natürlich“, hatte er gelacht, „Shabby wie schäbig.“ Doch sein kleiner Scherz schien die Frau – wie unbeweglich sie doch im Geist war – nicht zu erreichen.

Ein Griff in ihren Hut voller Verkaufsstrategien, und sie befanden sich wieder auf sicherem Terrain. „Der Shabby Chic versucht, eine Brücke zwischen Altem und Neuem zu bauen, zwischen Vergangenem und Zukünftigem.“

„Zukünftigem?“ Traudich war über ihre Vorlage erleichtert und konnte wieder zu sich selbst finden.

„Naja“, meinte sie, „ist es nicht immer ein wenig so, dass wir mit Fotos versuchen, etwas in die Zukunft mitzunehmen?“

Traudich sah sie irritiert an. Wurde da gerade der Altersunterschied zwischen ihnen deutlich? Er wollte es genauer wissen, hakte nach. „Geht es nicht eher darum,

Vergangenes in die Gegenwart zu holen?“

„Wie Sie wollen“, hatte die Frau geantwortet. Mehr nicht. Für ihn die Ansage, dass für sie das Gespräch – wie herablassend sie sein konnte – beendet war.

Nachdem Traudich das Geschäft verlassen hatte, musste er sich widerwillig eingestehen, eben einen interessanten Denkanstoß bekommen zu haben. Wenn er ihn konsequent weiter verfolgte, müsste das Foto auf Lambeks Sideboard etwas mit dessen Vergangenheit zu tun haben. Nicht mit der Zukunft. Dafür war das Opfer zu alt.

Traudich fielen Christas Fotos ein. Manchmal, wenn er sich allein fühlte, betrachtete er sie. Meistens zusammen mit einem Magenbitter. Auch wenn Trinken und Erinnern ein Wagnis waren, das nahm er in diesen speziellen Momenten in Kauf.

Er griff in seiner Hosentasche nach einem Menthol-Bonbon. Es lag wohl schon etwas länger dort, das Papier klebte am Bonbon. Egal. Hauptsache er hatte etwas im Mund.

Ich bin also auch schon so alt, dachte er betroffen, dass mir die Vergangenheit näher als die Zukunft ist.

Frau Frädrich saß in ihrem Sessel mit einem Schuhkarton auf den Beinen. Ihr hatte das Foto auf Herrn Lambeks Sideboard keine Ruhe gelassen. Vor dem Verlassen des Tatorts hatte sie sich die junge Frau noch einmal genauer angesehen. War es möglich, dass sie die Frau kannte? Sie durchsuchte ihren Fotokarton, zog die untersten Fotos nach oben und tauchte in ihre ersten Jahre als Lambeks Haushaltshilfe ein. Es gab kaum Bilder aus der Zeit, weil es nur wenige Anlässe gegeben hatte. Wer bei Herrn Lambek nicht spurte, wurde entlassen. Sie hatte mehreren fristlosen Kündigungen zusehen müssen, viel Wut und Zukunftsängste erlebt, mit denen die Frauen ihren Arbeitsplatz verlassen hatten. Bis auf eine, wie ihr später erzählt wurde, deren Stelle sie angetreten hatte. Sie war wortlos und ohne Abschied gegangen.

Sie fand es damals geschmacklos von Herrn Lambek, dass sie die Schürzen ihrer Vorgängerin auftragen musste. Aber für solche Feinheiten hatte ihr Chef kein Gespür. Für ihn war die Schürze nichts weiter als eine Dienstbekleidung. Erst als sie alle abgetragen hatte, bekam sie neue, auf deren Wäscheetiketten endlich ihr Name stand.

Frau Frädrich ging ins Schlafzimmer. In der Wäschekommode hatte sie ihre allererste Schürze aufgehoben. Sie faltete sie auseinander und las den mit rotem Garn gestickten Namen: Gertrud Wünsche.

Sie beschloss, sich an Kommissar Traudich zu wenden.

Traudich ließ noch einmal das Foto der rätselhaften Frau auf sich wirken, als er gleich zwei Anrufe bekam. Beide zusammengenommen ergaben eine mögliche Lösung. Von der Buchhaltung des Deko-Geschäfts bekam er den Namen des Käufers: Malte Wünsche. Und Frau Frädrich nannte ihm den Namen Gertrud Wünsche. Mutter und Sohn? Vergangenheit und Gegenwart? Oder Gegenwart und Zukunft?

Die Unterkunft von Malte Wünsche herauszufinden, war nur eine Kleinigkeit. Sie lag ganz in der Nähe von Antons Gastwirtschaft. Als er wenig später mit dem Auto vor der genannten Pension vorfuhr, kam ein zweiter Wagen, in dem ein Mann mittleren Alters saß. Im Rückspiegel sah Traudich kurz das Kölner Autokennzeichen. Perfekt, dachte er zufrieden, stieg aus und wartete, bis der Kölner seinen Wagen abgeschlossen hatte.

„Herr Wünsche?“ Der Mann wandte sich langsam Traudich zu, nahm seine Sonnenbrille ab und sah Traudich direkt in die Augen. Sein Blick wirkte erschöpft, die Mundwinkel begannen leicht zu zucken.

„Ja?“

„Kann ich Sie sprechen?“

„Warum nicht?“

„Können wir uns setzen?“

„Warum nicht?“

Was ist das denn für einer? dachte Traudich verwirrt. Jeder normale Mensch würde doch sofort wissen wollen, von wem er angesprochen wird und worum es geht.

Malte Wünsche forderte ihn per Handbewegung auf, durch das massive Friesentor in den Garten zu gehen. Vor ihnen erstreckte sich ein Bauerngarten wie aus dem Bilderbuch, mit Schmetterlingen, Bienen und Hummeln, die hier ihren Lebensraum gefunden hatten.

„Dort?“, fragte Malte Wünsche und zeigte auf eine kleine Sitzecke am äußersten Rand des Gartens. Traudich nickte. Ahnte der Mann, worum es ging? Schlug er deswegen den abgelegenen Platz vor?

„Möchten Sie etwas trinken?“

„Nein danke“, erwiderte Traudich.

Sie setzten sich. Niemand sagte etwas. Jeder wartete darauf, dass der andere begann.

Malte Wünsche begann seine Hände zu kneten. „Also dann.“

„Also dann?“

Malte Wünsche nickte, während er dem leicht torkelnden Flug eines Zitronenfalters zusah. „Verkürzen wir das Ganze.“ Er drückte seinen Rücken durch, wandte sich Traudich zu und sah ihm direkt in die Augen. „Wissen Sie, wie es ist, wenn der Halt fehlt?“

„Wer weiß das nicht?“ Traudich fühlte sich überrumpelt, aber auch beeindruckt, mit welch einer Geradlinigkeit sich dieser Mann an ihn wandte. Ahnte er etwas?

„Wissen Sie auch, wie es ist, sich an jemandem festzuhalten, der immer weiter abrückt?“

Auch das, dachte Traudich, aber ich will bestimmt nicht mit dir über Christa sprechen. Er musste einschreiten, sofort. Und nicht nur im Stillen auf emotionaler Ebene, sondern mit einer klaren Ansage. „Ich möchte mich vorstellen. Kommissar Traudich. Herr Wünsche, ich habe ...“

Malte Wünsche unterbrach ihn, begleitet von einem abgehackten Lachen. „Traudich und Wünsche. Zusammen an einem Tisch."

„Und das finden Sie nun lustig?"

„Nein, Sie haben recht. Überhaupt nicht lustig."

Malte Wünsche sah Traudich wieder direkt in die Augen. „Aber mutig. Denn ich", er schlug sich mit der flachen Hand gegen die Brust, „Malte Wünsche, habe mich endlich getraut. Und jetzt ist Schluss mit lustig."

Traudich war in seinen vielen Berufsjahren noch nie solch einem verzweifelten Galgenhumor begegnet. Wie mochte es bloß in diesem Mann aussehen?

„Sie sind der Sprache sehr mächtig."

„Ja", lachte Malte Wünsche kurz. „Reden konnte ich immer schon gut. Wer viel in sich hinein frisst, muss, wenn es darauf ankommt, treffsicher ausspucken können. Sonst platzt das Innere in einem."

Traudich war klar, dass er hier mit den üblichen Fragen nicht weiterkam. Dieser Mann hatte gelernt, seine Verletzungen mit einer Sprache zu umweben, die kein fremdes Eindringen zuließ. Es sei denn, er wollte es.

„Warum sitzen wir so weit hinten im Garten, Herr Wünsche?"

„Weil ich nicht weiß, was als Nächstes kommt."

„Je näher es kommt, desto weiter geht man weg?"

Malte Wünsche antwortete mit einem stummen Nicken. „Wer sich von der Not anderer einnehmen lässt, zu nah dran bleibt, verliert den Sinn für sich selbst."

„Aber er kann auch den Blick für das noch möglich Machbare verlieren. Oder?"

Malte Wünsche sprang auf. „Schluss jetzt, Herr Traudich. Ich weiß doch, warum Sie hier sind. Doch nicht, um mit mir diese Idylle zu genießen und philosophische Fragen zu stellen."

Er fuhr sich mit beiden Händen durchs Haar. „Wie mir das auf die Nerven geht! Dieses ständige Aufpassen, was der andere sagt, tut, meint oder auch nicht meint." Jedes weitere Wort ließ seine Stimme lauter anschwellen. Er setzte sich wieder, drehte seinen Oberkörper zu Traudich. „Nun fragen Sie schon. Los! Oder erwarten Sie allen Ernstes eine Selbstanzeige?"

Traudich drückte seinen Rücken gegen die Stuhllehne, als könnte er so einen größeren Abstand zu der Wucht der ausgebrochenen Gefühle einnehmen.

„Sie haben recht, ich muss mich entschuldigen. Dann frage ich also ganz direkt: Warum haben sie Enno Lambek erschlagen?"

„Falsch!" Wieder lachte Malte Wünsche dieses unangenehme Lachen. „Nicht Enno Lambek. Enno M Punkt Lambek", wobei er das „M" ganz besonders betonte. „Verstehen Sie?"

Traudich wartete ab.

„Ich wollte nur kurz hierher kommen und gleich am nächsten Morgen nach Köln zurückfahren. – Wie naiv ich doch war!"

„Was ist passiert?"

„Hätte ich nicht dieses Foto gefunden, mit ihrem überschäumenden Lachen, ihren glücklich funkelnden Augen."

Beide schwiegen.

„Nur hier war meine Mutter wirklich glücklich gewesen. Ich wollte irgendwie ihren Lebenskreis schließen, obwohl ich sonst mit rituellen Handlungen nichts im Sinn habe. Sie sollte wieder zurück. Zu diesem Mann. – Wissen Sie, wie sich das anfühlt, wenn die eigene Mutter keine Kraft für ihr eigenes Kind hat?"

Traudich ließ seinen Blick über den Garten gleiten. Seine Augen brauchten Auslauf, wenigstens für einen kurzen Moment, um weiter das gequälte Gesicht dieses Mannes aushalten zu können.

„Ich wollte, dass dieser Unmensch wenigstens einen der vielen Briefe bekommt, die ihm meine Mutter geschrieben und nie zugeschickt hat."

„Haben Sie geklingelt?"

Malte Wünsche schüttelte den Kopf. „Nein. Ich wollte diesem Mann, der uns beide zerstört hatte, niemals ins Gesicht sehen müssen."

„Und trotzdem kam es so."

„Seine Überwachungskamera muss auf mich gerichtet gewesen sein. Während ich den vollständigen Namen unter seiner Klingel las und erstarrte, wurde die Haustür mit einem einzigen Ruck aufgerissen."

„Enno Malte Lambek?"

Malte Wünsche nickte. „Wie er mich mit seinen kalten Augen taxiert hatte. Von oben nach unten nach oben. Dazu seine arroganten Worte ‚ich kaufe nichts von Dahergelaufenen', als er auf den Bilderrahmen in meiner Hand sah."

Traudich hatte sofort das passende Bild im Kopf.

„Ich habe ihn ins Haus gestoßen. Die Tür hinter uns zugeschlagen. Ihn immer weiter geschubst, bis ins Wohnzimmer hinein. Ganz klein wurde er. Erbärmlich. Fragte immer wieder ‚Was willst du?'. – Wenn er mich wenigstens gesiezt hätte!"

Traudich konnte nicht glauben, was er da gerade hörte: Der alte Lambek musste sterben, weil er ihn geduzt hatte? – Oder eher, weil plötzlich klar geworden war, wer er ...

„Herr Lambek ist ihr Vater."

Malte Wünsche nickte. „Das weiß ich schon lange. Das war es nicht. Es war der Name. Plötzlich klebte er wie Dreck an mir. Ich wollte ihn abschlagen, indem ich meinen Va..., meinen ..., den Alten ... schlug. Wollte solange schlagen, bis der Dreck endgültig von mir abfiel. Und er sollte endlich den Mund halten, an der Liebe ersticken, die er nicht verdient hatte."

Traudich hielt die Luft an.

Malte Wünsche sprang auf. „Was hatte sich meine Mutter bloß dabei gedacht! Mir auch noch seinen Namen zu geben!"

„Und jetzt?"

Er zuckte mit den Schultern. „Weiß nicht. Ich weiß nur, dass ich anders heißen werde. Und dass es mir endlich in meinem Inneren nicht mehr zu eng ist."

Traudich schaltete das Autoradio ein, um auf dem Heimweg auf andere Gedanken zu kommen. Es gelang ihm nicht. Er hatte vorhin kein Verhör geführt, sondern nur Malte Wünsches letzte Schritte zum Geständnis hin begleitet. Das Stoppelfeld kam wieder näher. Wie aufgeräumt und geordnet diese große Fläche jetzt im Abendlicht wirkte. Er hielt an, stellte den Motor ab und stieg noch einmal aus. Wildgänse erhoben sich und flogen mit lautem Flügelschlag davon. Er sah den dunklen Körpern mit ihren lang vorgestreckten Hälsen nach, wie sie in ihrer geordneten Dreierformation immer kleiner wurden.

Er war eben noch einmal bei Anton gewesen, hatte wissen wollen, ob es ihm inzwischen wieder besser ging. Doch sie waren schnell wieder bei Paul und der Frage, warum sie ihm nicht geholfen oder wenigstens den Rücken gestärkt hatten.

Traudich stöhnte. Er wollte die Gedanken endlich hinter sich lassen, aber sein Kopf verwehrte es ihm. Immer wieder baute sich die Frage vor ihm auf, was folgte, wenn die eigenen Gefühle an Grenzen stießen. Blieb den Menschen wirklich nur Ablehnung, Zurückweisung oder Hass, um sich selbst zu schützen? Gaben sie sich lieber ahnungslos und verleugneten die Realitäten? Und warum, verdammt nochmal! fielen ihm spontan nur destruktive Antworten ein?

Wo blieb das Machbare, wie er es vorhin vor Malte Wünsche formuliert hatte? Er rief die Frage über das Stoppelfeld.

Doch die Stoppeln schwiegen. Als wollten sie nach getaner Arbeit ihre Ruhe haben und einfach nur noch den Lebensabend genießen.

Kommissar Traudichs Zweifel und das kleine Mädchen

Kommissar Traudich las die Notiz ein zweites Mal, jetzt laut: „Um mit meinen Mitmenschen sinnvoll umzugehen, ihnen gerecht zu werden, sie zu verstehen, muss ich von meiner gedanklichen und emotionalen Welt eine Vorstellung haben."

Echt Christa, dachte Traudich, da war sie wieder, ihre stille Vorliebe für schwere Gedankenkost. Was mochte sie wohl zum Niederschreiben dieser Zeilen bewogen haben?

Traudich steckte das Papier in ihre Zettelbox zurück. Oder war es nun seine? Christa wollte sie nicht mitnehmen, als sie ihn verließ. Wollte nichts mitnehmen, was sie mit ihrer gemeinsamen Zeit verbinden würde. Die Box steckte voller abgeschriebener Textpassagen, die sie zum weiteren Nachdenken angeregt hatten. Nun nutzte er die Sammlung für sich. Immer, wenn er sich verloren fühlte, zog er – wie die alte Fischer-Line aus Tönning ihre Tarot-Karten zog – eine der Notizen. Mit dem entscheidenden Unterschied, dass er seine anschließenden Gedanken für sich behielt.

Warum hatte er heute diese Notiz gezogen? Mit seiner gedanklichen Welt kam er ja einigermaßen klar, aber mit seiner emotionalen? Wie sollte das gehen, wenn Christa ihn nicht ließ. Ungewöhnlich wortkarg war sie gewesen, als sie vor fast drei Jahren ihre Sachen packte. Wollte bereits Gesagtes nicht noch einmal wiederholen. Vielleicht war das der Grund, weswegen er Christa einfach nicht vergessen konnte? Vielleicht waren es die wenigen Worte, die sonst eher seine Spezialität gewesen waren?

„So'n Schiet auch, Traudich", hatte Anton mit zusammengepressten Lippen gesagt. Damals, als Traudich ihm von der Trennung erzählt hatte. Mehr nicht. Und Anton hatte Recht. Es gab zu diesem riesengroßen Scheißhaufen nichts weiter zu sagen.

Energisch stellte Traudich die Zettelbox auf den Tisch zurück. Er wollte nicht alte Wunden aufreißen und atmete mit geschlossenen Augen die salzhaltige Luft ein. Ging es ihm hier nicht gut? Hier, am Dorfrand hinter seiner kleinen Kate, im Windschatten des Friesenwalls mit den üppigen Heckenrosensträuchern? Mit ihren prallen Hagebutten, die durch die ersten kalten Nächte schon ihr frisches Rot verloren und eine tiefere, gläsern wirkende Färbung angenommen hatten und immer noch für lebhafte Farbtupfer sorgten?

Aber, und das wusste Traudich nur zu gut, die Hagebutten wiesen schon auf die Jahreszeit hin, in der sich das kräftige Grün der Wiesen langsam in ein fahles Beige-Gelb verwandeln würde. In der die Kühe und Schafe in ihre Ställe geholt würden, und er ihnen nicht länger auf der Weide zusehen konnte, wie sie in bewundernswerter Gelassenheit das Gras aus der Erde rupften. Er liebte diesen trockenen Ton, wenn die Grashalme rissen. Das leise, kurze Schnaufen der Tiere, während sie das saftige Grün mit gleichmäßigen Kaubewegungen gründlich zermalmten. Es war diese spezielle Ruhe, in die sich die Tiere hineinfraßen und Traudich von ihrem stillen Frieden etwas abgaben.

Der einzige Trost, der ihm über die kalte Jahreszeit blieb, waren die grellen Hier-bin-ich!-Schreie der Watvögel mit ihrem Gezänk um Nahrung. Mal konnte er dem Mundraub schmunzelnd zusehen, dann wiederum empörte ihn die wenig zimperliche Art, wie sie bemüht waren, ihren Artgenossen die Meeresfrüchte aus dem Schnabel zu schlagen. Dann erschienen ihm die Vögel wie eine Allegorie auf das Leben. Mit dem entscheidenden Unterschied, dass sie in ihrem direkten Angriff dem Opfer wenigstens die Chance ließen, sich zur Wehr setzen zu können. Während die Täter, mit denen er es zu tun hatte, ihren Opfern diese Chance verwehrten.

Je länger Traudich im Dienst war, desto dünnhäutiger reagierte er auf die Heimtücke der Täter, die Vertrauen missbrauchten, in Leben einbrachen und zerstörten. Doch das Unerträglichste waren die Fälle, wenn das Opfer einfach nur zur falschen Zeit am falschen Ort war. Wie damals die kleine Beeke. Diese Schicksale wirbelten jedes Mal wieder die existenzielle Frage nach dem Sinn des Lebens auf.

Traudich drückte seinen alten Rücken fester gegen die Rückenlehne. Die größeren Findlinge des Walls gaben die von der Morgensonne gespeicherte Wärme an ihn ab. Wie gut sie tat.

Aber es half alles nichts. Er hatte sich für heute Aufräumen vorgenommen. Und vor allem hatte er sich vorgenommen, das Vorgenommene auch wirklich vorzunehmen. Es gab nämlich Schwachstellen in ihm, denen er mit mehr Strenge begegnen musste.

Sönke fühlte sich ausgelaugt. Elke war heute früh besonders unruhig gewesen, hatte ihn immer wieder gefragt, ob sie etwas für ihn tun könne. So oft, bis ihm der Geduldsfaden gerissen war und er sie angeschrien hatte, besser etwas für sich als für ihn zu tun. „Aber was?“, hatte sie verzweifelt gefragt. „Eigentlich müsste ich jetzt in der Küche stehen und einen Geburtstagskuchen backen!“ Sie hatte daraufhin die Hände vor's Gesicht geschlagen und war weinend aus dem Zimmer gestürzt.

Sönke hatte sie laufen lassen. Er wollte einfach mal einen Moment ohne dieses ständige Auf- und Abgehen seiner Frau sein. Wollte mal nichts aus der Küche hören, in der sie immer wieder aufräumte, umräumte oder putzte. Doch als er die verzogene Hintertür zum Garten hinaus über das Pflaster schleifen hörte, war er sofort aufgesprungen, um nach ihr zu sehen. Er hatte sie im kleinen Spielhaus gefunden, zusammengekauert, das Gesicht auf die Knie ihrer angewinkelten Beine gepresst. Das war neu. Sonst hatte Elke immer auf der kleinen Bank im großen Rhododendronstrauch, in Beekes Blätterhöhle, Zuflucht gesucht. Jetzt also das Spielhaus. Elke hatte nicht wieder aus dem Haus herauskommen wollen und ihn wie einen Fremden angestarrt. Erst als er versprochen hatte, ihr einen süßen Beeke-Kakao zu kochen, verschwand die Angst aus ihren Augen. Zögerlich hatte sie seine ausgestreckte Hand ergriffen, um sie schnell darauf wieder loszulassen. Sie ertrug so viel Nähe nicht mehr.

Während Elke wenig später den Kakao trank, hatte er nicht nur auf sie eingeredet, sich eine Weile auszuruhen, sondern auch darauf geachtet, dass sie den Becher mit den eingerührten Beruhigungstropfen bis auf den Boden leerte. Danach hatte er die Sofakissen aufgeschüttelt, sie mit einer Wolldecke zugedeckt und alle Fenster geschlossen.

Er war doch über Beekes Tod genauso verzweifelt wie Elke. Doch sie hatte sich in der Trauer um ihre „Seute" immer tiefer in sich verkrochen. Er fühlte sich verlassen, hatte nicht nur seine Tochter, sondern auch seine Frau verloren. Zum wiederholten Male fragte er sich, ob es für sie beide besser gewesen wäre, wenn Elke von seiner Tat gewusst und er den Totschlag an Beekes Mörder gestanden hätte. Sönke rieb sich die Augen. Diese Müdigkeit! Seit damals litt er besonders unter ihr. Aber sie war auch ein Geschenk. Immer, wenn seine Seele verschnaufen musste, legte sich die Müdigkeit wie eine warme Decke über ihn und ließ seine quälenden Gedanken wenigstens eine Zeitlang verstummen.

Eine dicke Wolkenwand schob sich vor die Sonne und vertrieb Traudich in die Küche. Er hatte Hunger und wollte heute die Lammsalami aus Tating probieren. Er kaufte seine Salami ausschließlich von den Höfen, die auch Salzwiesenlämmer hielten. Er mochte die ländliche Atmosphäre dieser kleinen Läden. Nirgendwo kam man dem Erzeuger näher. Hier fühlten sich für Traudich die Produkte noch ehrlich an, gab es keine Hektik, war immer mal ein kleiner Schnack möglich. Natürlich nur, wenn Traudich wollte. Und wenn nicht, war es auch gut.

Beim Öffnen des Brotkastens schlug ihm der würzige Geruch des Kümmelbrotes entgegen. Das Allerbeste, gebacken im kleinen Backhus in St. Peter Ording. Wann immer es seine Zeit zuließ, fuhr er am Backtag in den Ort und reihte sich geduldig in die Schlange der Menschen ein, die wussten, was schmeckte.

Traudich stellte Wurst und Brot auf den Küchentisch, schenkte sich einen Magenbitter ein und ließ den ersten kühlen Schluck bedächtig über seine warme Zunge laufen. Er, mit seinen quer schießenden Gedanken an Christa, musste heute besonders aufpassen, denn Erinnern und Trinken passten nur dann gut zusammen, wenn die Dosierung stimmte.

Eine plötzliche Windböe zerrte am kleinen Küchenfenster. Die Mülltonnen kippten polternd um und schabten über das Hofpflaster.

„Auch das noch!“, schimpfte er. Jetzt lag bestimmt seine ganze Aufräumarbeit vom Vormittag im Garten verstreut. All die veralteten Papiere, längst bezahlten Rechnungen und aufgehobenen Zeitungsartikel, die er endlich aussortiert hatte.

Sönke war auf der Recamiere im Wintergarten ein wenig eingenickt, als die Windböe mit lautem Knall ein Fenster zuschlug. Wie war das möglich? Alarmiert sprang er hoch und lief ins Wohnzimmer. Das Sofa war leer, Erbrochenes lag auf dem Teppich. Der Fensterflügel, vom heftigen Zuschlagen zurückgeprallt, stand sperrangelweit offen. Wo war Elke? War sie aus dem Fenster gestiegen? Aber warum? Sie hätte doch einfach nur die Tür öffnen und gehen können.

Während Sönke das Fenster schloss, erblickte er auf dem Rasen einen Schuh von Elke. Mit schweren Vorahnungen lief er zum Schuppen – und richtig: Beekes Sandspielzeug stand nicht mehr am gewohnten Platz.

Traudich saß wieder am Küchentisch. Er hatte lange gebraucht, bis die vom Wind weit verstreuten Papiere eingesammelt waren. Jetzt legte er den Zeitungsartikel, der sich in den absterbenden Blättern der Stockrose verfangen hatte, vor sich auf den Tisch und strich ihn gedankenversunken glatt. Was war heute nur los? Nach langem Abwägen hatte er endlich entschieden, den Fall „Beeke" hinter sich zu lassen und sämtliche Zeitungsartikel wegzuwerfen. Und nun spuckte die Mülltonne alles wieder aus. Rotzte ihm die eine, heftige Windböe ausgerechnet die Zeitungsnotiz vor die Füße, die seine Zweifel an dem längst abgeschlossenen Fall wieder hervorholten. Es war zu verrückt. So, wie er heute Vormittag die Notiz aus Christas Zettelbox gezogen hatte, hatte die Windböe das aus dem Mülleimer getan.

Er legte beide Papiere nebeneinander. Nun war alles wieder da: Christa, Beeke, Sönke und Elke. Seine Arbeit, sein verblasster Idealismus, seine große Erschöpfung.

Traudich nahm einen weiteren Schluck vom Magenbitter und spürte eine Wärme im Magen, die ihn an die Strandtage erinnerte, als er als Junge im Sand lag und sich die Sonne auf den Bauch scheinen ließ. Oder mit dem Fahrrad bei Ebbe über den harten Sand fuhr, um sich vom Fahrtwind erfrischen zu lassen, laut schreiend vor Übermut, weil die Freiheit ebenso weit zu reichen schien wie der kilometerlange Strand.

Auch wenn sich dort viel verändert hatte, für die Kinder war der Strand damals wie heute ein riesengroßes Paradies. Auch für Beeke. Nur, dass ihr Leben durch einen Verkehrsunfall jäh beendet worden war. Wo blieb die Gerechtigkeit, wenn ein fünfjähriges Mädchen auf einer schnurgeraden Landstraße überfahren und einfach liegengelassen wurde?

Traudich wandte sich der Schlagzeile der Husumer Nachrichten zu: „Nächtlicher Notruf in St. Peter Dorf". Er hatte damals beim Lesen gar nicht so schnell begriffen, dass es um Sönke und Elke ging. Der Artikel berichtete über einen Polizeieinsatz, der einen lautstarken Streit beenden sollte.

Vor Ort stellte sich schnell heraus, dass der Tumult das Bemühen des Ehemanns war, seiner verzweifelten, schreienden Frau zu helfen. Der Einsatz war mit der Einweisung der Frau ins Husumer Krankenhaus beendet worden.

„Das wird hier nix", murmelte Traudich und wischte den Artikel zur Seite. Er stand auf, stellte das Brot und die Lammsalami zurück und zog sich eine Strickjacke über. Er wollte zu Anton.

Sönke sprang auf sein Fahrrad und fuhr zum Südstrand, ihrer Lieblingsbadestelle. Sie waren mit Beeke gerne an diesem kleinen, überschaubaren Strand gewesen. Während Beeke im Sand spielte, kleine Freundschaften mit Urlauber-Kindern schloss, konnte er den Blick über die Salzwiesen genießen, die durch die veränderten Strömungsverhältnisse über Jahre hinweg immer mehr Raum eingenommen hatten.

Er trat noch kraftvoller in die Pedalen. Bilder schoben sich vor sein inneres Auge, die sein Leben ein zweites Mal schlagartig verändert hatten. Es war vor zwei Jahren, als er endlich wissen wollte, wer immer an Beekes Todestag einen Mimosenstrauß neben das kleine Holzkreuz am Straßenrand legte. Er hatte gut versteckt Stunde um Stunde gewartet. Bis von Weitem ein Mann langsam näher kam, der immer wieder stehen blieb, verharrte, weiter ging. Mit schwerem Gang, die Hände vor der Brust, mit einem Strauß gelb leuchtender Mimosen. Als sie sich schließlich gegenüberstanden und er in seine Augen sehen konnte, war klar, dass er vor dem Todesfahrer seiner kleinen Beeke stand.

Sönke spürte, wie sich seine Haut zusammenzog, während sich der Kopf immer weiter ausdehnte und einen dumpfen Druck aufbaute. Genau wie damals, als ihn die Wutwelle erfasst und mit ungekannter Wucht mitgerissen hatte. Er konnte immer noch seine Worte hören, während er den Mann erschlug: „So einfach ist das!? Eben mal Blumen ablegen!?“

Traudich saß in Antons Kneipe auf seinem Stammplatz. Er musste endlich etwas essen und bestellte sich wie immer Bratkartoffeln mit zwei Salzheringen und einer sauren Gurke. Nur so, nicht anders. Keine Gurke mehr, kein Hering weniger.

Anton setzte sich zu ihm. „Sönke war heute früh hier.“

„Sönke?“

„Und wie.“ Anton rieb sich mit der flachen Hand durch das Gesicht, schwieg, hing seinen Gedanken nach. Traudich wartete, dass er weiterredete.

„Nils hat Mist gebaut. Hatte Mitleid mit Sönke und ihm viel zu viel eingeschenkt.“ Anton blickte auf seine Finger. „Ich hab's einfach zu spät bemerkt.“

„Und dann?“, fragte Traudich vorsichtig weiter.

„Dann hat Sönke geweint.“

„Mannomann.“ Traudich stieß einen tiefen Seufzer aus. „Das auch noch.“ Er schob das Bier von sich, starrte eine Weile vor sich hin. „Ich muss an die Luft, Anton. Mir platzt sonst der Hals.“

„Und deine Bratkartoffeln?“

„Geht nicht. Nee, – geht gar nicht.“

Anton nickte trübsinnig vor sich hin.

Traudich fuhr an den Strand. Es war gerade Hochwasser. Wenigstens das. Da musste er nicht so weit bis zum Wassersaum laufen. Er spürte den Atem des Meeres, sein leichtes Auf und Ab, wollte sich einfach nur an der Salzluft satt atmen. Seine Gedanken kamen zur Ruhe, vermischten sich mit dem Meer und lösten sich. Eine wohltuende Kühle erfrischte sein Inneres und setzte die nötige Energie frei, sich endlich einmal ehrlich gegenüber zu treten.

Es gab nichts zu beschönigen. Der Mord an Beekes Todesfahrer hatte sich ein paar Monate nach der Trennung von Christa ereignet. Seine damalige Entscheidung, Sönke und Elke nicht durch die Verhaftung zu trennen, war lediglich das Ergebnis seiner großen, inneren Leere gewesen. Wie überzeugt er gewesen war, durch seine Milde Sönkes Leid mildern zu können! Traudich schüttelte den Kopf über so viel Dummheit.

Warum hatte er sich nicht einmal gefragt, was die ungeheuerliche Tat in Sönke bewirkt haben könnte? Es war doch deutlich zu spüren: Er hatte Sönke nicht geholfen, sondern ihn in eine Isolation geschickt, in der er nicht einmal mehr mit seiner eigenen Frau reden konnte. –

Nichts hatte er damals verstanden, gar nichts. Auch nicht, was Christas Gehen in ihm ausgelöst hatte. Dass er plötzlich einer abgestoßenen Seepocke glich, die ohne den Halt ihrer Muschel nicht leben konnte. Dass er mit seinem „Psycho-Kram“ nichts zu tun haben wollte, er dem Schmerz ausgewichen war und eine Unordnung in sich geschaffen hatte, die heute immer noch aus ihm hervorquoll.

Traudich begann zu schwitzen, tauchte seine Hände in das kühle Wasser und griff nach einer angeschwemmten Alge. Er fasste gerne die ledernen, leicht glitschigen Verzweigungen an. Als Kinder hatten sie sich besonders üppige Algenbüschel unter die Achseln gehalten oder sie, wenn kein Erwachsener in der Nähe war, im Schritt unter die Badehose geschoben, als würden Berge von Schamhaaren aus der Hose hervorquellen.

Er atmete den salzigen Geruch tief durch die Nase ein, warf die Alge wie einen Schleuderball mit weit ausholenden Armumdrehungen ins Meer zurück. Er wollte sich nicht wieder mit glücklichen Kindheitserinnerungen ablenken.

Es war, wie es war. Er war mit Sönke weder sinnvoll, noch gerecht, noch verständnisvoll umgegangen, weil ihm die innere Klarheit gefehlt hatte. Genauso, wie es der unbekannte Autor mit dem Satz aus Christas Zettelbox formuliert hatte.

Traudich ging zum Auto zurück. Er wollte nach Hause, etwas trinken. Auch wenn Trinken und kein Essen schlecht zusammen passten, egal. Dann öffnete sich eben die Tür zu all seiner Unordnung. Was war die schon gegen Sönkes?

Morgen würde er Klarheit schaffen. Sönke würde erfahren, dass er von seinem Totschlag wusste. Dass er ihm damals helfen wollte, weil es sonst noch mehr Verlierer gegeben hätte.

Und er wollte sich für das zusätzlich geschaffene Leid entschuldigen, dem Sönke so lange ausgesetzt war. – Ob der ihm dann wieder ohne Angst in die Augen sehen konnte?

Traudich startete den Motor. Er schickte Christa schon einmal einen stillen Dank vorweg. Ohne ihre Zettelbox wäre er in seiner Entscheidung nicht so weit gekommen. – Sollte er sie endlich einmal anrufen? Vielleicht ging es ihr ja nicht gut? Vielleicht freute sie sich, seine Stimme wieder zu hören? Vielleicht …

Anton würde bestimmt stolz auf ihn sein.

Traudich stand mit einem Gläschen Magenbitter vor den Schmetterlingsvitrinen seines längst verstorbenen Vaters. Sollte er sie wirklich weggeben?

Er hörte seinen Vater sagen:
„Ernst-August, das Glück ist wie ein Schmetterling. Jag ihm nach, und er entwischt dir. Setz dich still hin, und er setzt sich auf deine Schulter.“

Ist es mit allem so?, dachte Traudich.
Wenn ja, – sollte er Christa dann wirklich anrufen?

Nach einem tiefen Seufzer gönnte er sich den ersten Schluck.

Gudrun Wiebke wuchs in Norddeutschland auf und arbeitete nach ihrem Studium zur Grund- und Hauptschullehrerin als Lehrerin an einer Berliner Hauptschule.
Nach ihrem Ausstieg aus dem Schulleben baute sie zusammen mit ihrem Mann eine Firma auf. Parallel dazu entschied sie sich für eine Ausbildung zur Drehbuchautorin.
Nach Seminaren und Workshops u.a. bei Felix Huby, ‚TOP:Talente' und am Kölner Filmhaus entwickelte und verfasste sie Serienkonzepte und Drehbücher.
Sie lebt heute wieder in ihrer Geburtsstadt Detmold.
Gudrun Wiebke gewann nach Veröffentlichungen in verschiedenen Literaturzeitschriften Preise in Wettbewerben, wie dem der „42er Autoren" und den Norddeutschen NordMordAward.
Sie ist Mitgliedsfrau der ‚Mörderischen Schwestern'.

Verlag Akademie der Abenteuer

Grenzenlos • neugierig • unterhaltsam

Unser Verlagsname basiert auf den gleichnamigen Büchern des Autors Boris Pfeiffer. In dessen zeit- und welterforschender Reihe „Akademie der Abenteuer“ sind es Reisen der Protagonisten in die Vergangenheit, die für viele LeserInnen ein Erlebnis geworden sind, Kinder und Erwachsene gleichermaßen.

Im *Verlag Akademie der Abenteuer* wird die Erforschung der Welt mit den Mitteln der Literatur fortgesetzt. AutorInnen und ZeichnerInnen, DichterInnen und MalerInnen arbeiten in der Akademie der Abenteuer zusammen.

Reisen in den Geist, erkenntnisreich, selbstbewusst, gut erzählt, sind der Kern des Verlagsprogramms.

Im *Verlag Akademie der Abenteuer* entstehen Bilderbücher, Kinderbücher, Kinderbuchreihen und Jugendliteratur. Wir veröffentlichen packend erzählte Gegenwartsliteratur. Weiteres Augenmerk legen wir auf Kunstbände, in denen Malerei und Dichtung neue Felder eröffnen. Zweisprachige Ausgaben und ungewöhnliche Blicke in die Welt, sowie Lehr- und Sachbücher runden unser Programm ab.

DIE BOOTSBAUER - FELIX HUBY

Julius Kommerell hat es geschafft. Vom mittellosen Lehrling ist er zum Leiter der Firma Steininger Bootsbau aufgestiegen und hat die Tochter Doris Steininger, einziges Kind des Firmengründers, geheiratet. Die beiden haben inzwischen zwei erwachsene Kinder. Kommerell arbeitet an einem Boot, das die Krönung seiner vielen erfolgreichen Entwicklungen werden soll. Aber da setzt ihm seine Frau, die alleinige Besitzerin des Unternehmens, plötzlich den Stuhl vor die Tür und erklärt sich zur alleinigen Chefin der Werft. Für Julius Kommerell bricht eine Welt zusammen. Er verlässt Firma und Familie, zieht in sein Bootshaus am jenseitigen Ufer des Sees und muss von dort aus hilflos zusehen, wie Doris und sein Sohn Florian *Steininger Bootsbau* in die Krise steuern. Da hat er einen Plan...

Die Bootsbauer
Ein Bodenseeroman
ISBN-13 (Print): 978-3-98530-000-6
ISBN-13 (Ebook): 978-3-98530-001-3

Akademie der Abenteuer - Boris Pfeiffer

Kris Kersting Illustrationen

„Akademie des leibhaftigen Studiums vergangener Zeiten" – Rufus' neue Schule hat es in sich, im wahrsten Sinne des Wortes: Sie steckt voller rätselhafter Fundstücke aus der Vergangenheit und jedes Teil birgt Geheimnisse. Um diese zu lüften, braucht es besondere Fähigkeiten …

Zusammen mit seinen Freunden Fili, No und der Bisamratte Minster stürzt sich Rufus in die neuen Fächer: „Antike Schwertkunde", „Speisen aus allen Jahrtausenden" und „Vergessene olympische Disziplinen". Aber das ist nur der Anfang. Schon bald durchströmen längst vergessene Szenen aus der Zeit der Pharaonen die Akademie ...

Leserstimmen:

„Es gibt Kinderbücher, welche nur für Kinder gedacht und geeignet sind. Dann gibt es noch solche, die mich als Erwachsene noch fesseln können. Dazu gehört „Die Akademie der Abenteuer" von Boris Pfeiffer. (Tines Bücherwelt)

„Boris Pfeiffer gelingt es mit detailreicher Sprache, von der ersten bis zur letzten Seite Hochspannung zu schaffen." (Lesewelt Ortenau)

„Ein starker Auftakt zu einer genialen Jugendbuchreihe, die es so noch nicht gegeben hat. Eine Reise in die Vergangenheit, die für Jung und Alt ein Erlebnis ist, das man so schnell nicht vergisst!" (liesundlausch.de)

„Was für eine Serie! Es lebe "Die Akademie der Abenteuer"! Eine so wunderbare Verbindung von historisch packendem Stoff mit liebenswerten Charakteren und spannender Handlung sucht ihresgleichen. Hier gilt auf alle Fälle: Nicht entgehen lassen und sofort zugreifen!" (Leserwelt)

Band 1
Die Knochen der Götter
ISBN-13 (Print): 978-3-98530-004-4
ISBN-13: (Ebook): 978-3-98530-005-1

Band 2
Die Stunde des Raben
ISBN-13 (Print): 978-3-98530-006-8
ISBN-13 (Ebook): 978-3-98530-007-5

Band 3
Das Schiff aus Stein
ISBN-13 (Print): 978-3-98530-008-2
ISBN-13 (Ebook): 978-3-98530-009-9

Band 4
Das Erbe des Rings
ISBN-13 (Print): 978-3-98530-010-5
ISBN-13 (Ebook): 978-3-98530-011-2